Dibujos de Guía de Poses para Fotografía de Familia

Héctor M. Meléndez

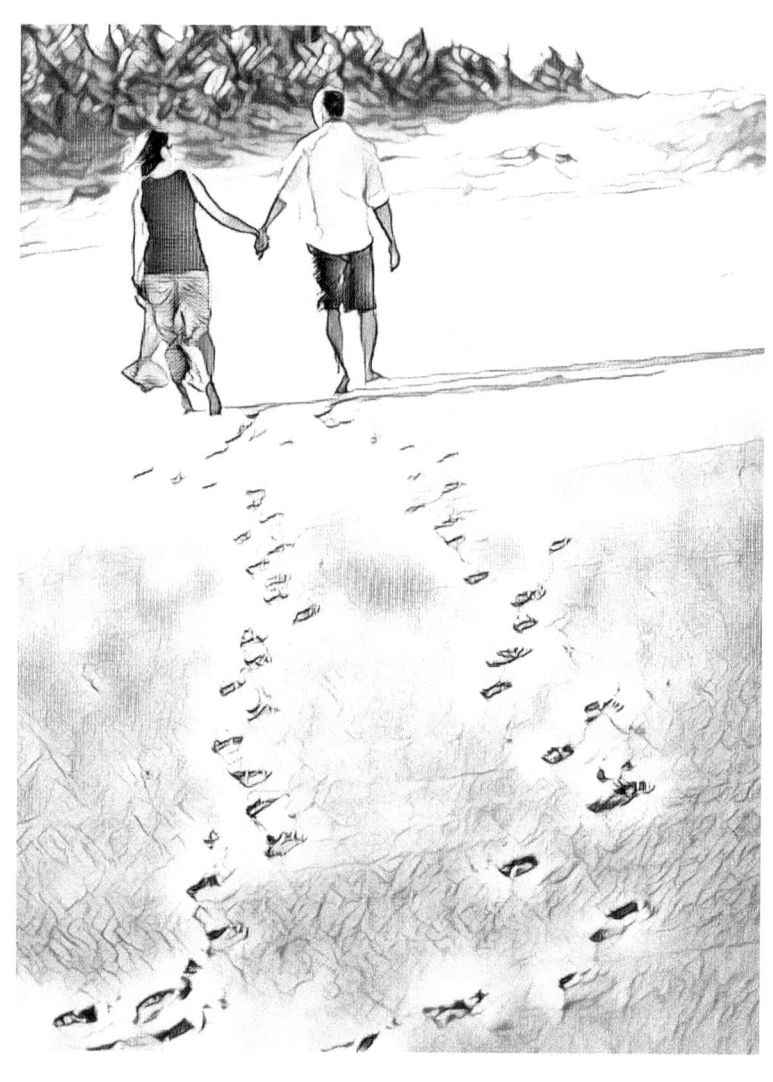

Derechos de autor © 2024 Héctor M.
Meléndez Todos los derechos reservados

Tabla de Contenido

INTRODUCCIÓN

La fotografía familiar es un arte muy desafiante, ya que nosotros, como fotógrafos, necesitamos guiar a las personas a una posición determinada para obtener la toma perfecta. Por eso la parte de posar en la fotografía familiar es sumamente importante.

La pose del cuerpo, de las manos, de los brazos, de la cabeza, de las piernas y hasta de los dedos. Todo el cuerpo de nuestros sujetos debe estar relajado y perfectamente alineado, equilibrado y posicionado para tener una sesión de fotografía familiar exitosa.

En este libro tenemos más que simples dibujos de personas. De hecho, en este libro encontrarás cientos de dibujos familiares con personas en la pose perfecta y el ángulo de cámara correcto para tomar la fotografía perfecta.

A medida que observe atentamente todos los dibujos de este libro, tendrá una mejor visión de las poses generales para estar preparado para sus sesiones de fotografía familiar. Incluso puede llevar este libro como referencia durante tus sesiones.

Aquí encontrará excelentes poses para el embarazo, el recién nacido, bebés, los niños, adolescentes, y las familias.

Y este libro no trata sólo de la pose perfecta. También se trata de captar ese momento guiando a los sujetos a realizar ciertos movimientos para captar ese hermoso momento.

Este libro le brindará excelentes ideas sobre cómo posar a sus sujetos y ayudarlos a moverse de la manera correcta, ayudándolo a lograr excelentes fotografías y a convertirse en un mejor fotógrafo de familia.

MATERNIDAD

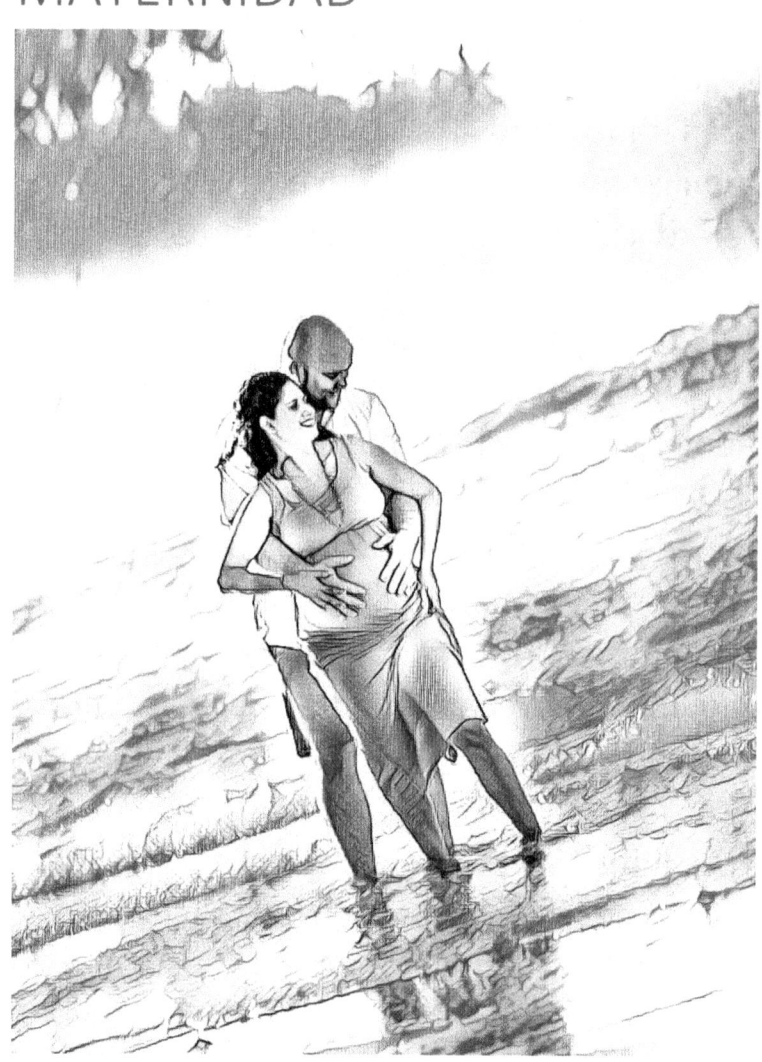

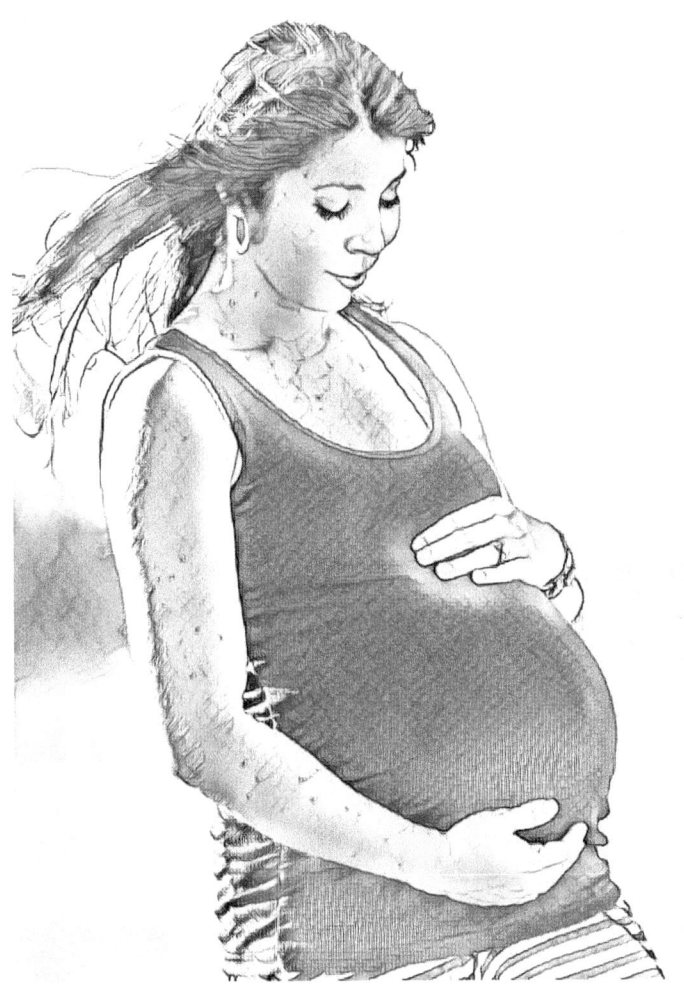

En esta postura la mano del brazo más cercano a la cámara va por debajo del vientre y la otra mano por encima del vientre.

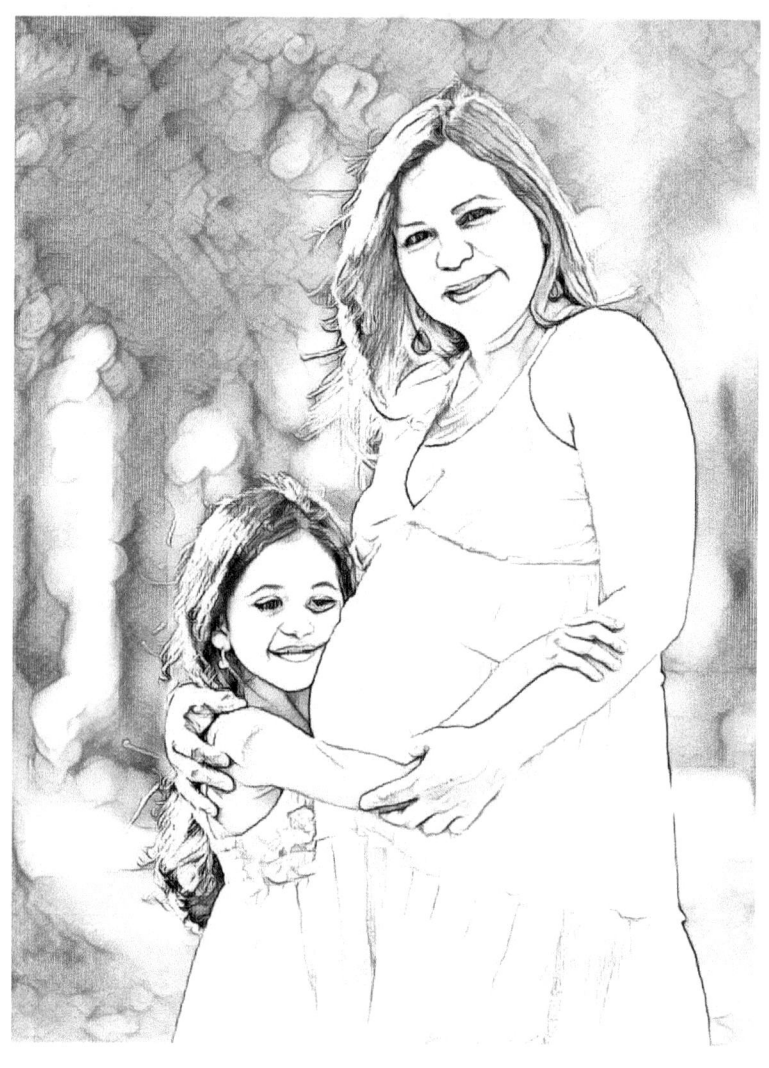

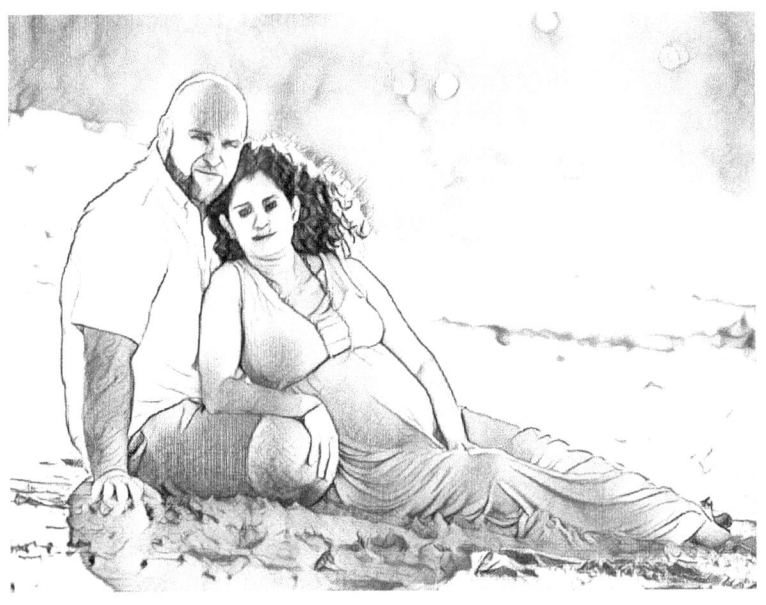

El equilibrio en el cuerpo de la pareja es muy importante en esta posición sentados. Observe de cerca la posición de las piernas y los brazos. La pareja debe lucir relajada y cómoda.

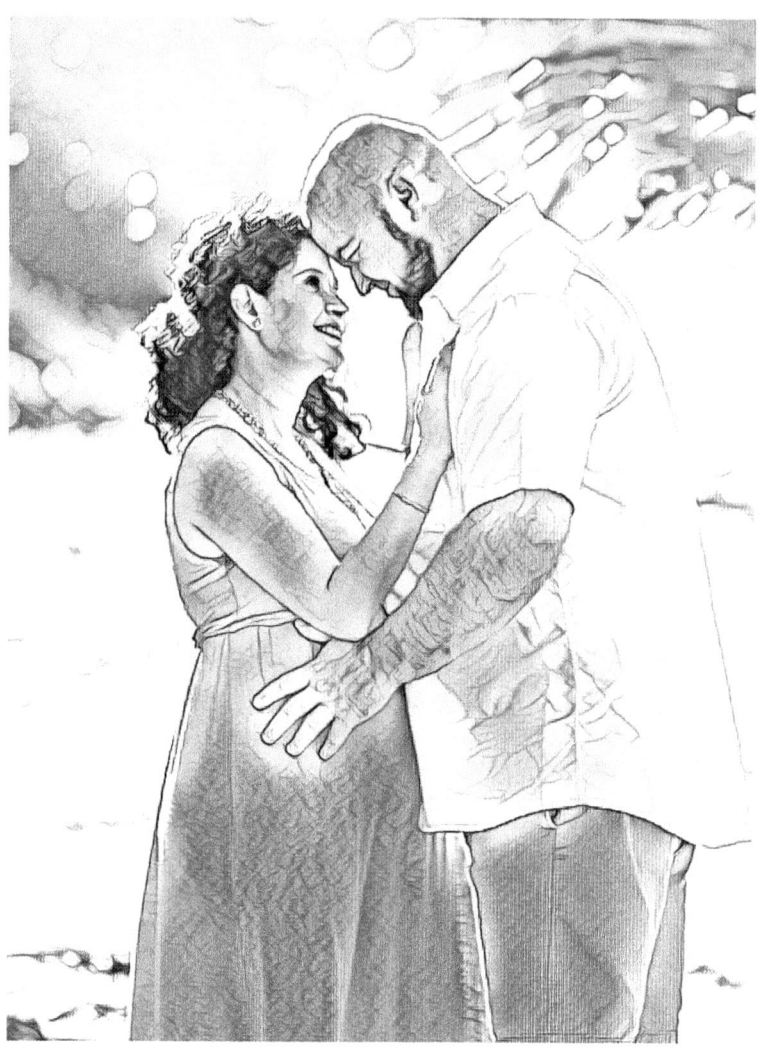

Esta pose es muy sencilla, pero la expresión natural de sus rostros la hace hermosa.

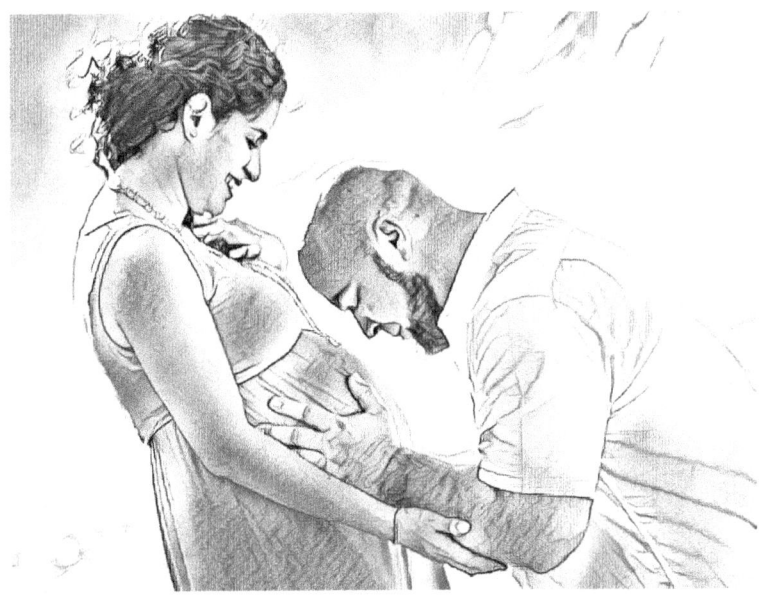

Futuro papá con las manos en el vientre y la cara mirando su vientre también.

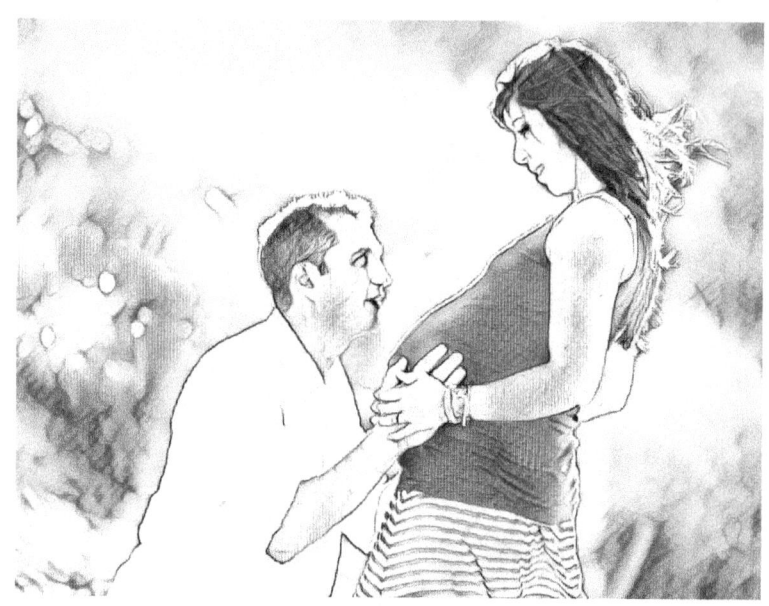

Variación de la imagen anterior. Ahora las manos todavía sostienen el vientre y la pareja se mira a los ojos.

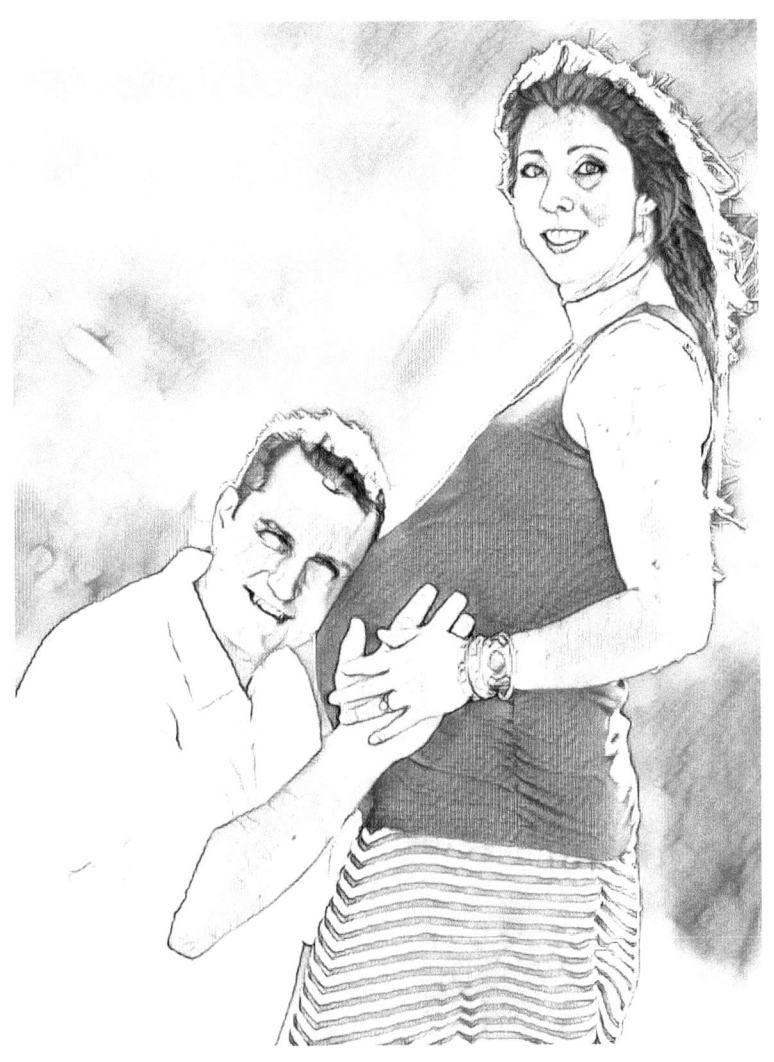

Ahora el futuro papá coloca la oreja en el vientre. La futura mamá mira a la cámara.

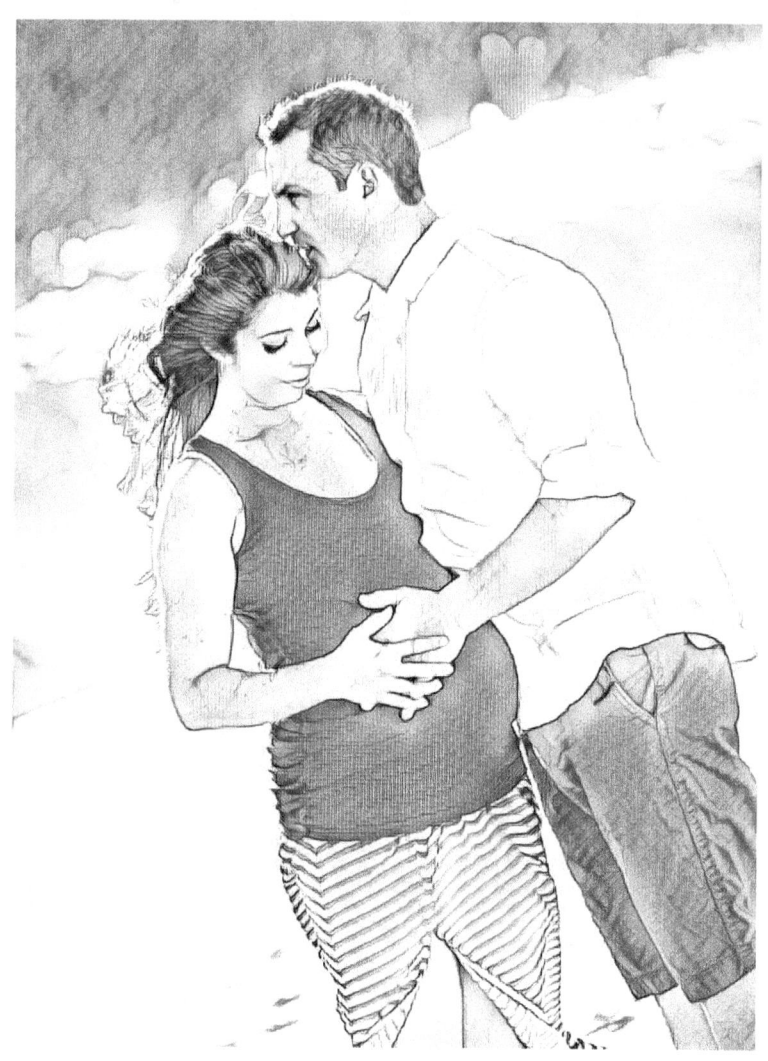

Pose simple pero hermosa. La inclinación de la cámara hace que este dibujo sea dinámico y especial.

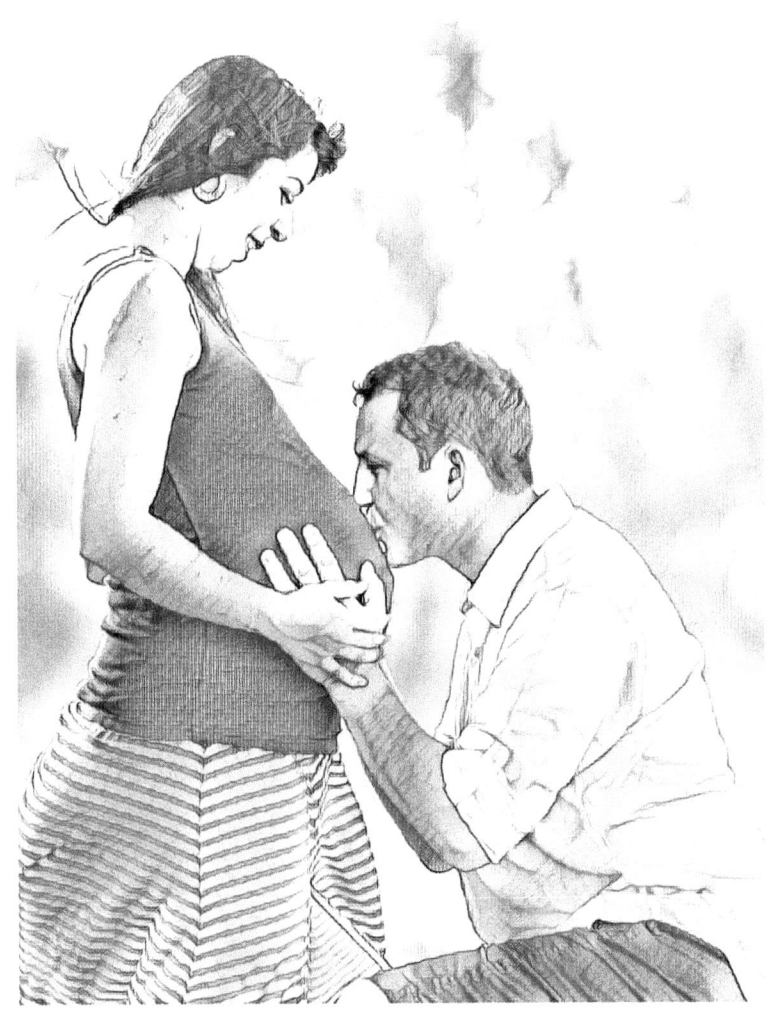

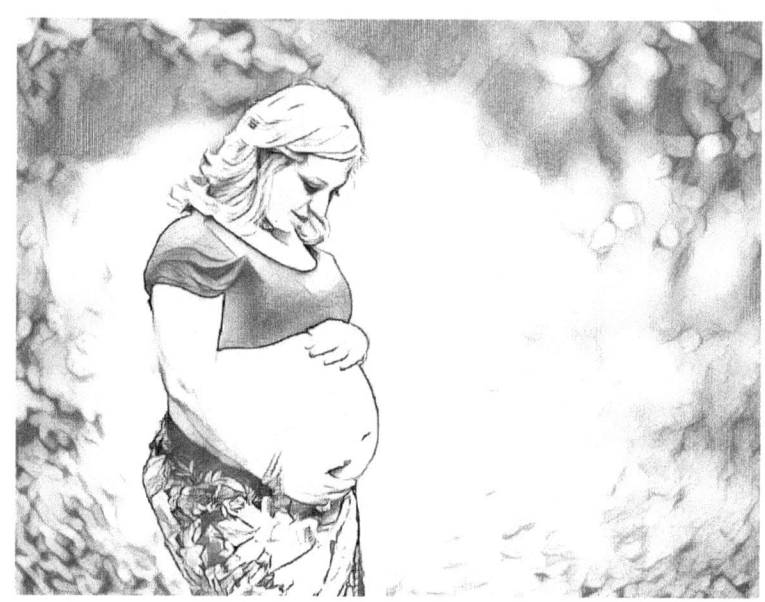

La posición de las manos es muy importante.
Esté siempre consciente.

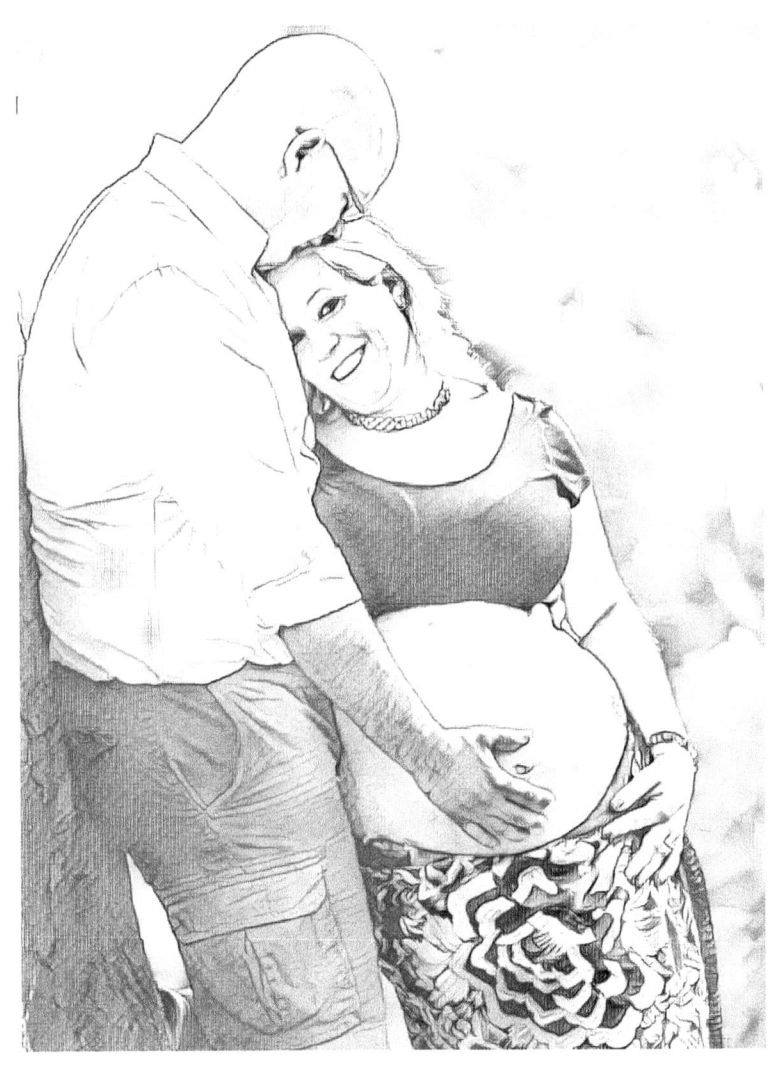

Esta es una posición romántica.

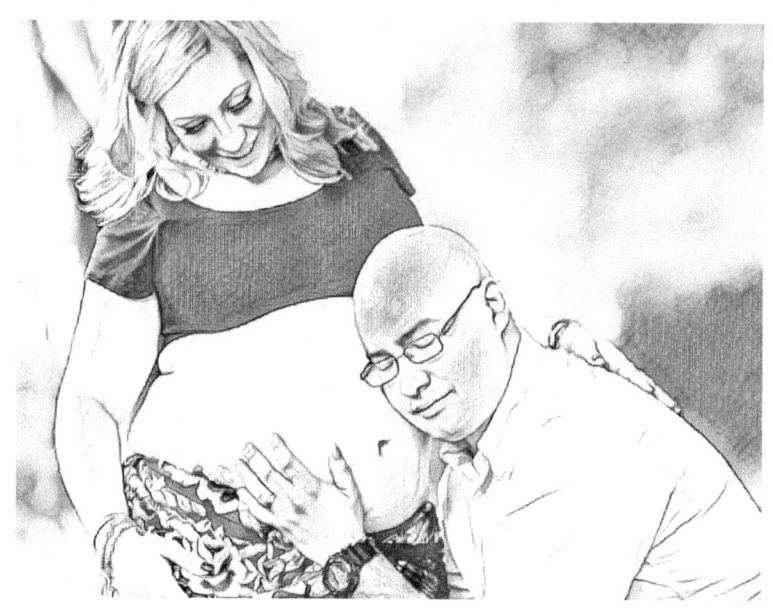

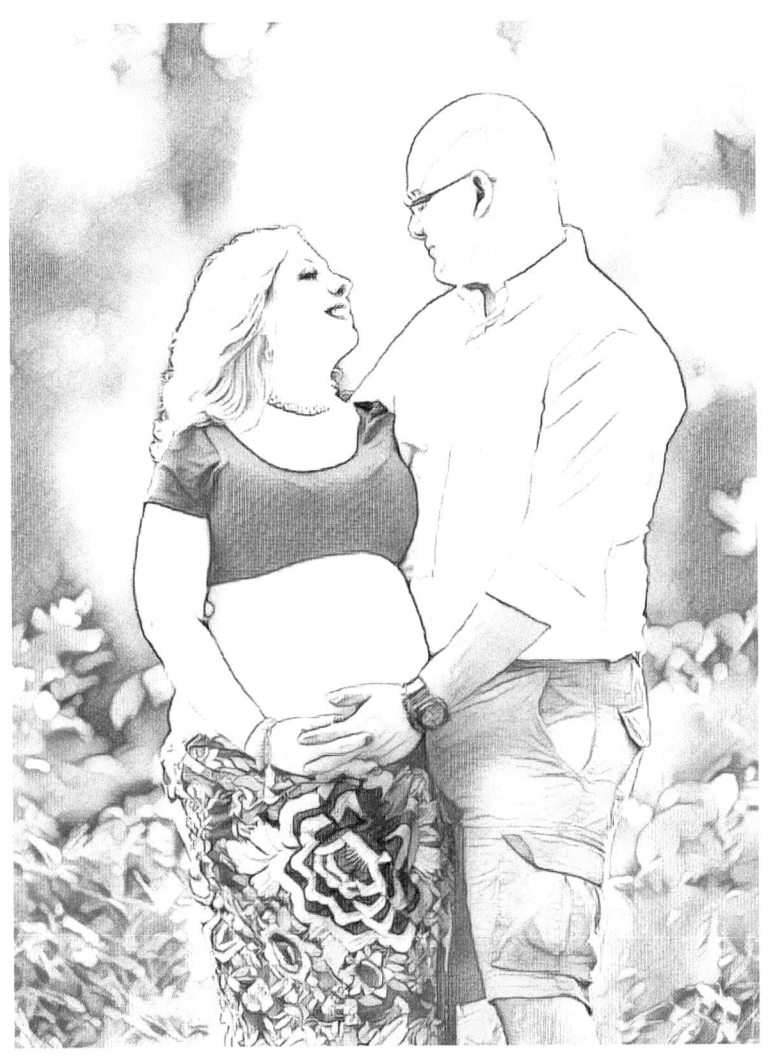

Aquí tenemos una pose muy romántica. La pareja se mira.

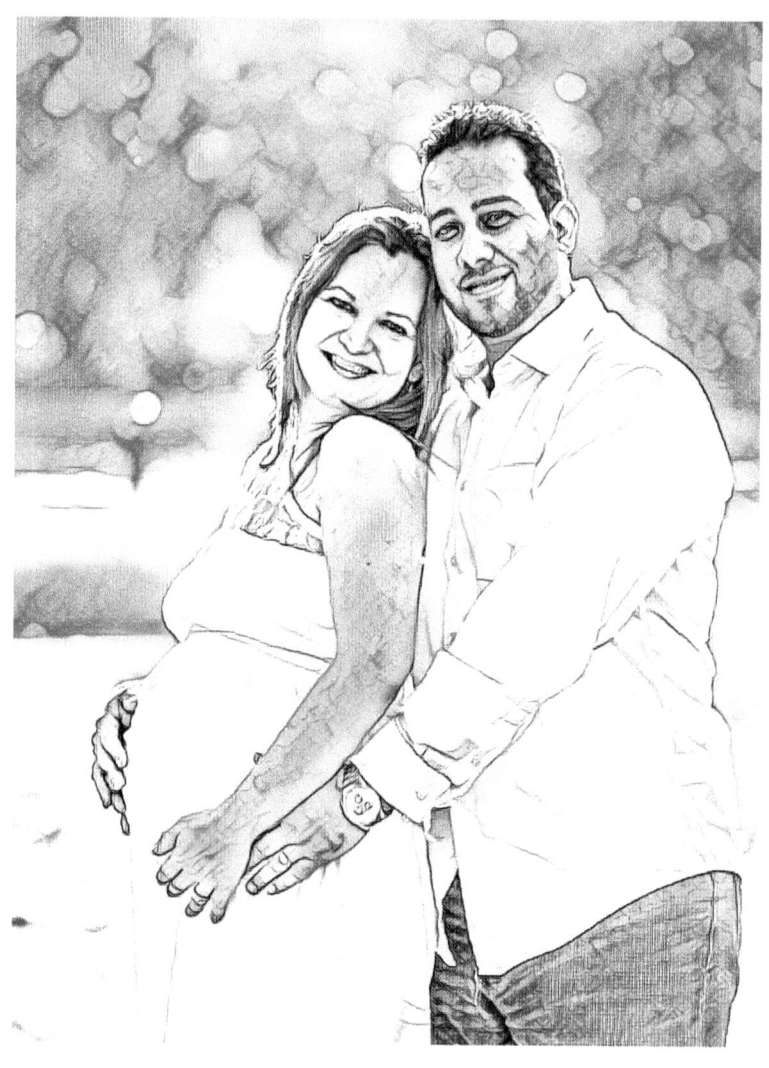

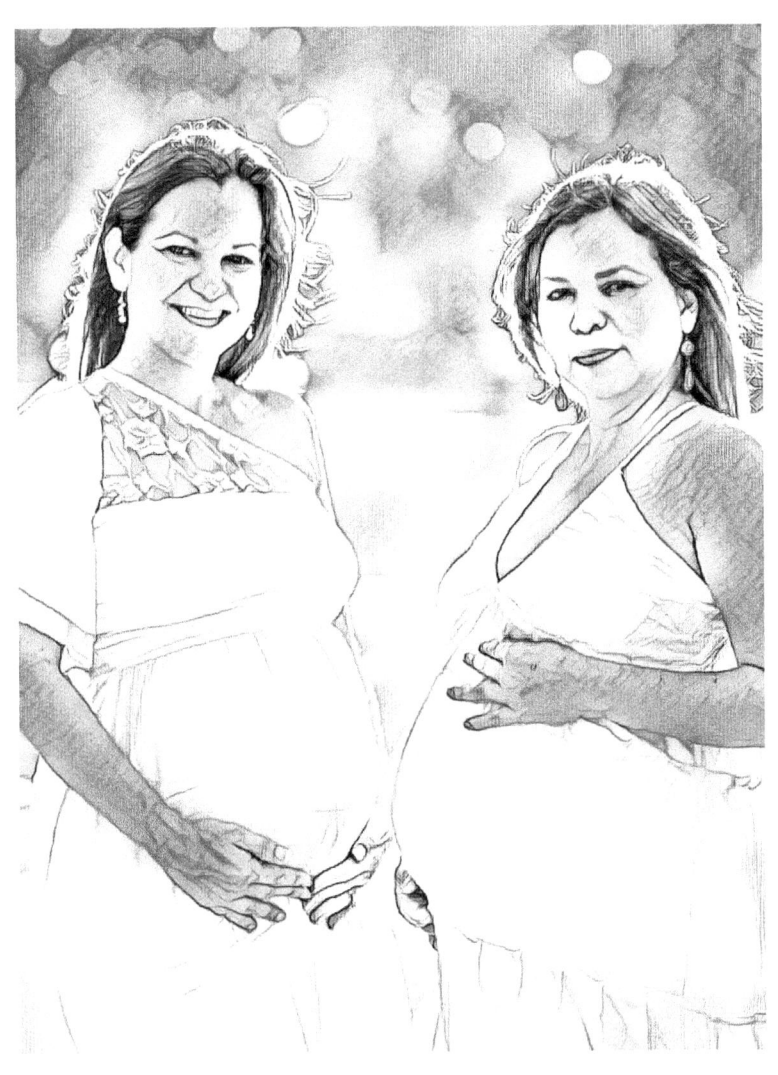

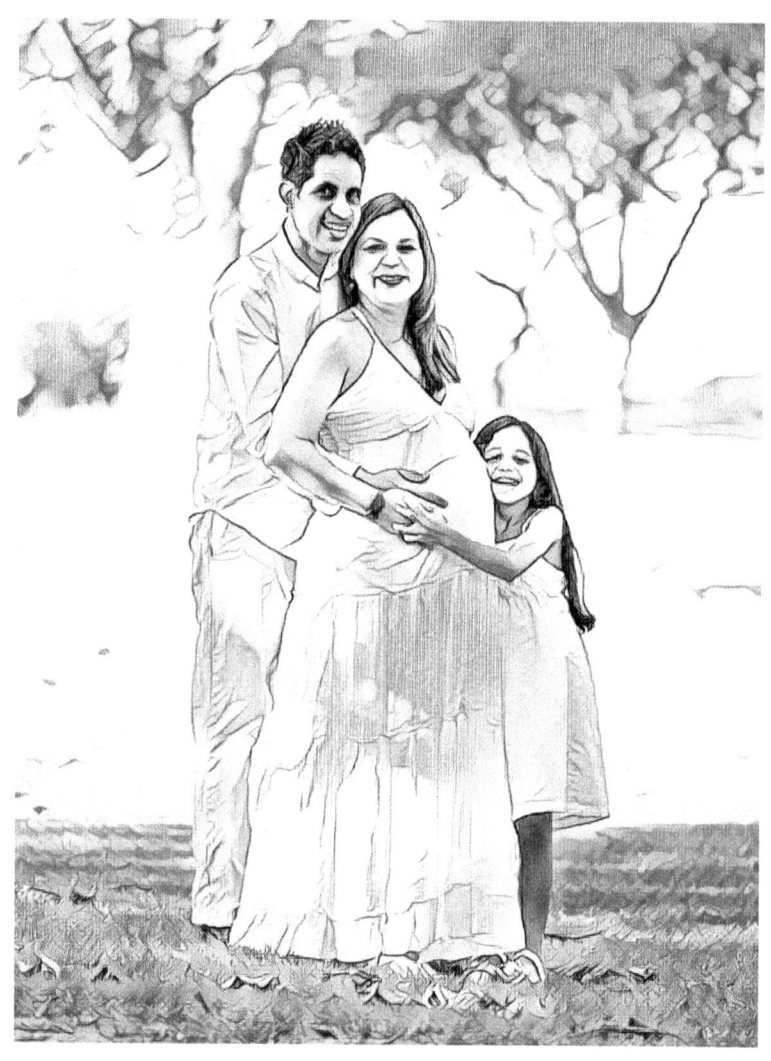

Cuando sean tres o más sujetos siempre intenta colocarlos formando un triángulo.

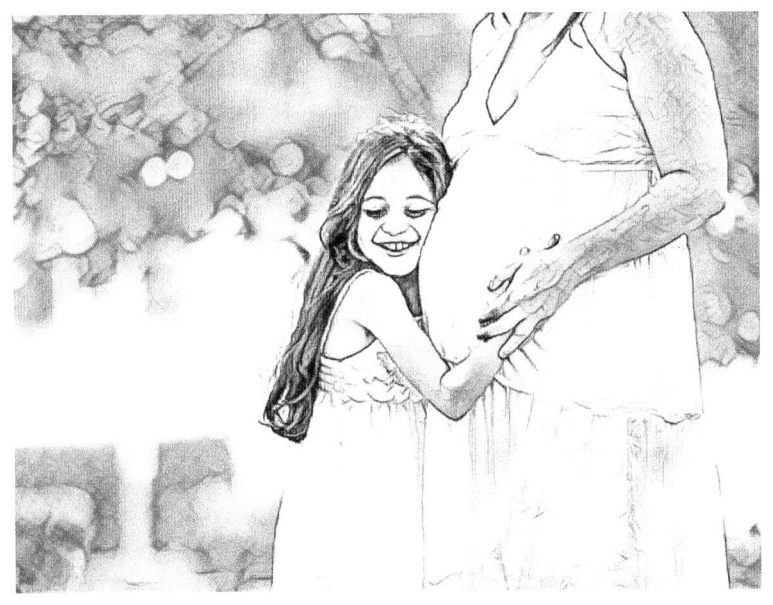

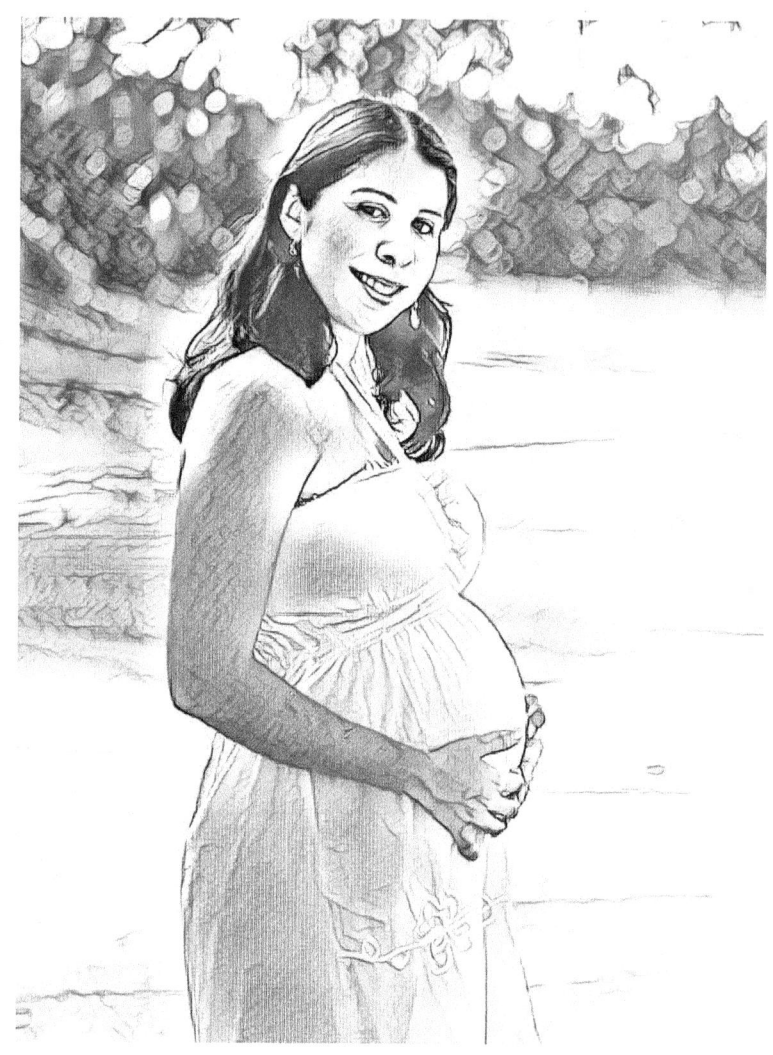

En esta postura ambas manos están debajo del vientre.

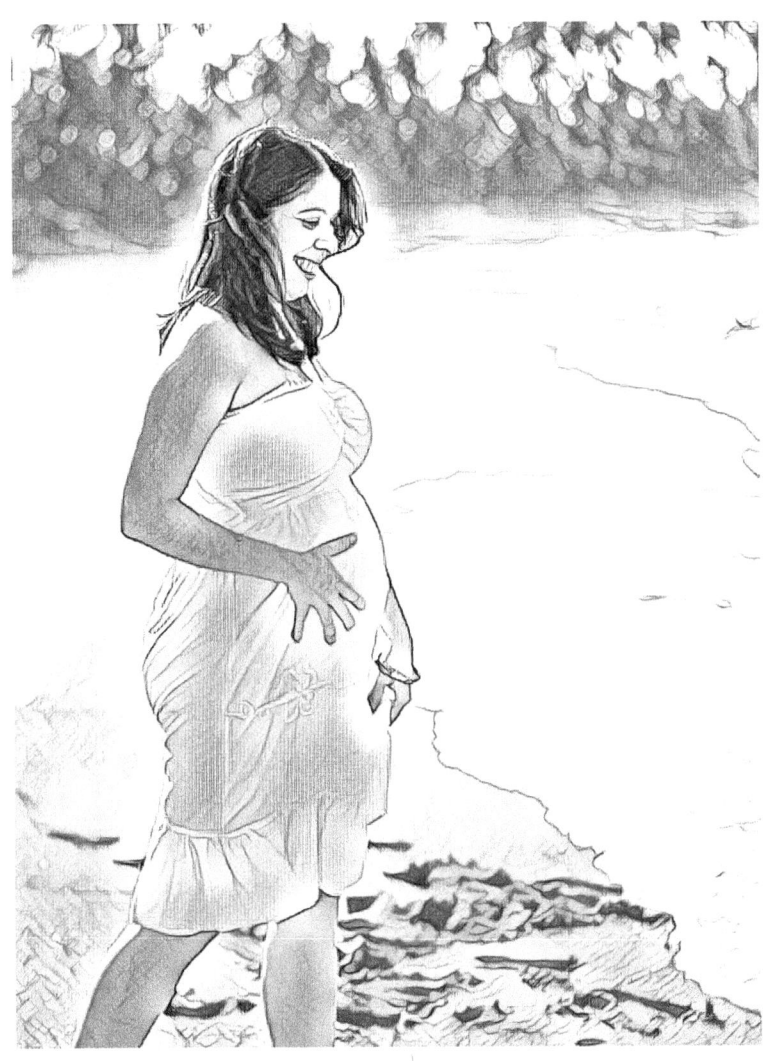

Ahora la futura mamá está dando un lento paseo por la arena. Una mano sobre el vientre y la otra sujetando el vestido.

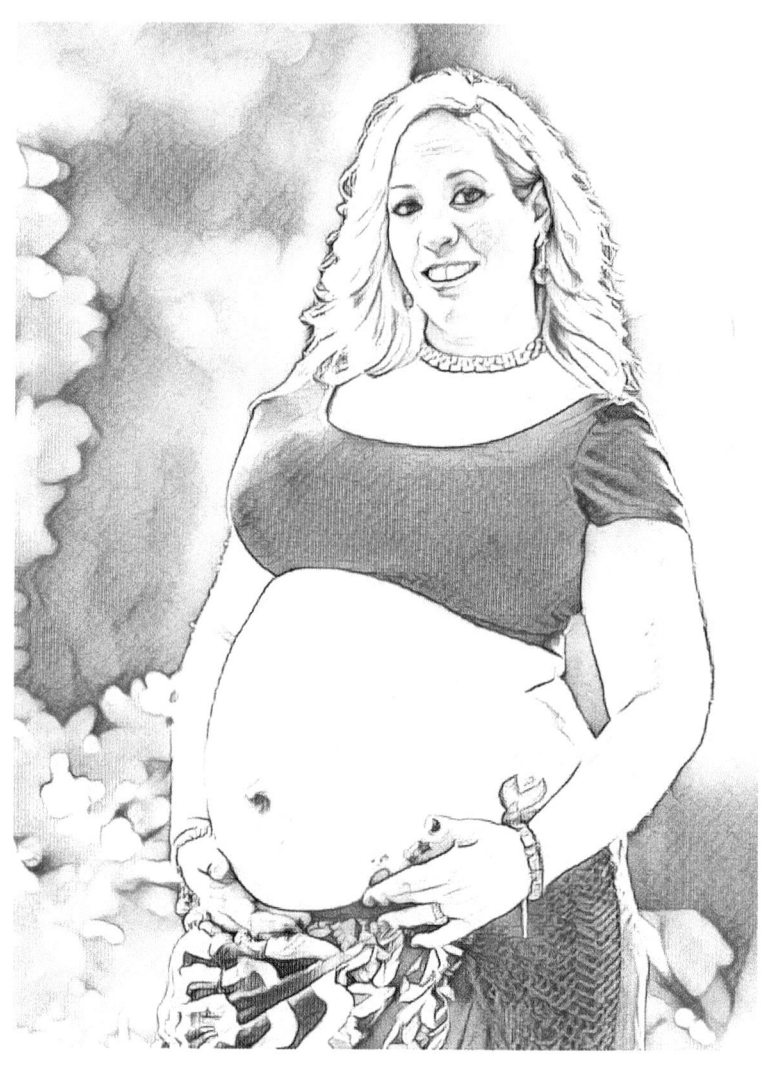

Aquí tenemos nuevamente ambas manos debajo del vientre.

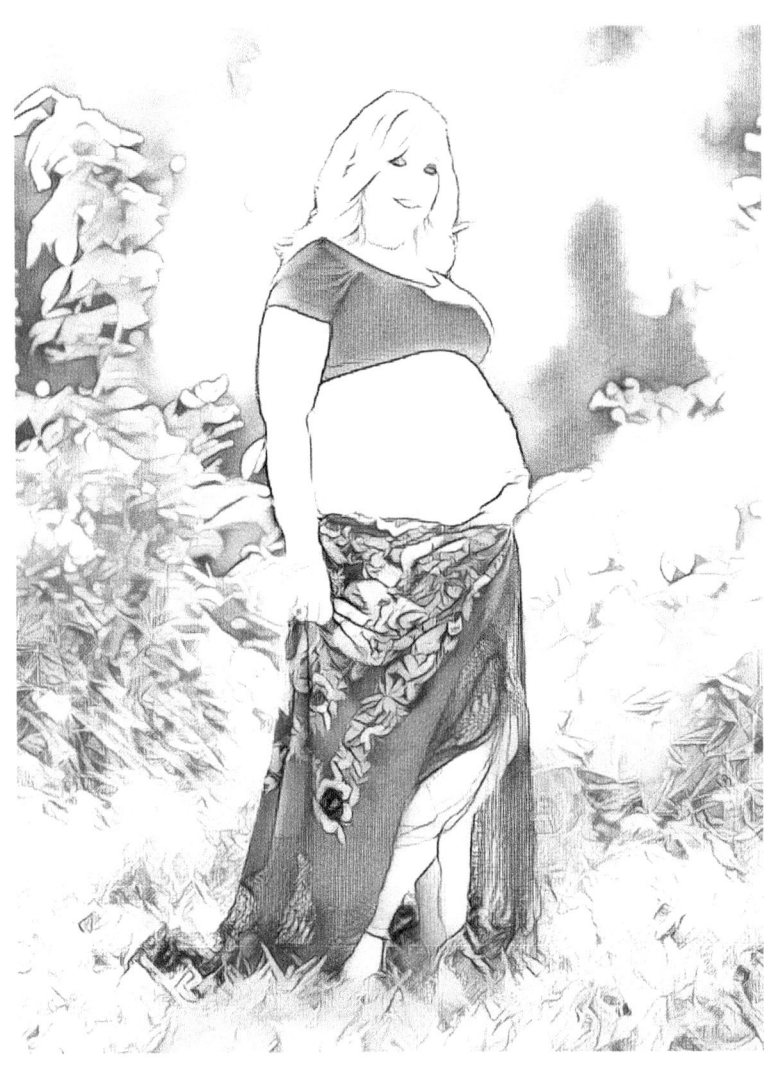

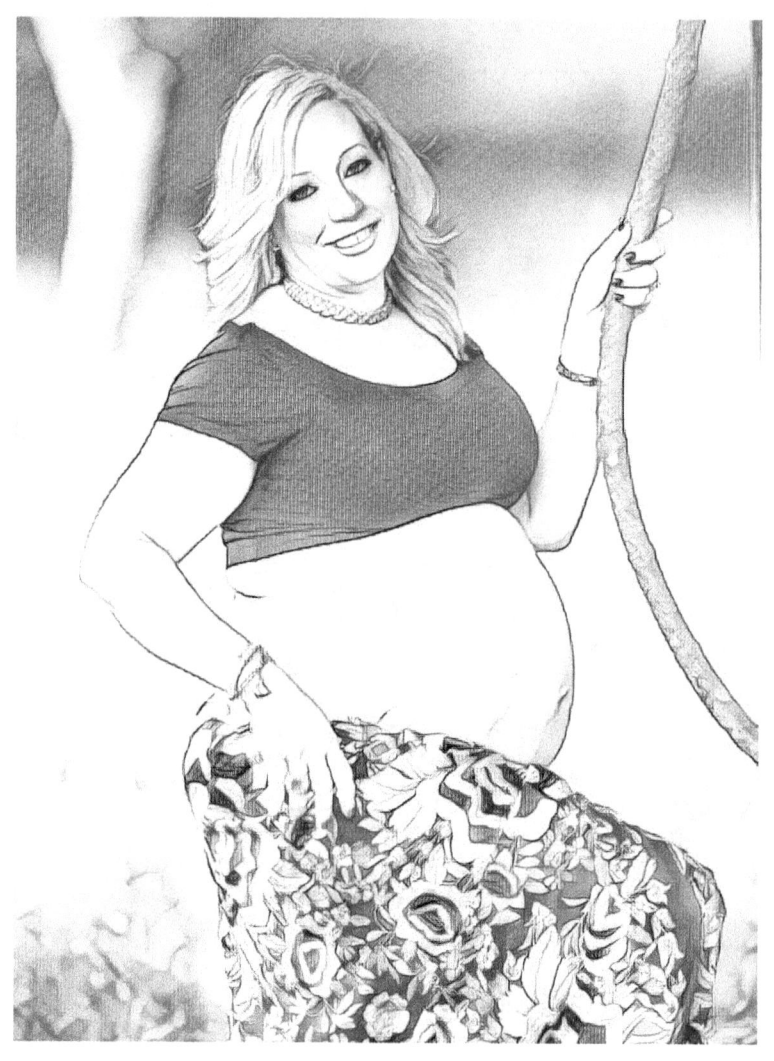

Mano izquierda sosteniendo una rama y la mano derecha sosteniendo el vestido. Colocar las manos en diferentes niveles a veces ayuda a crear una postura dinámica.

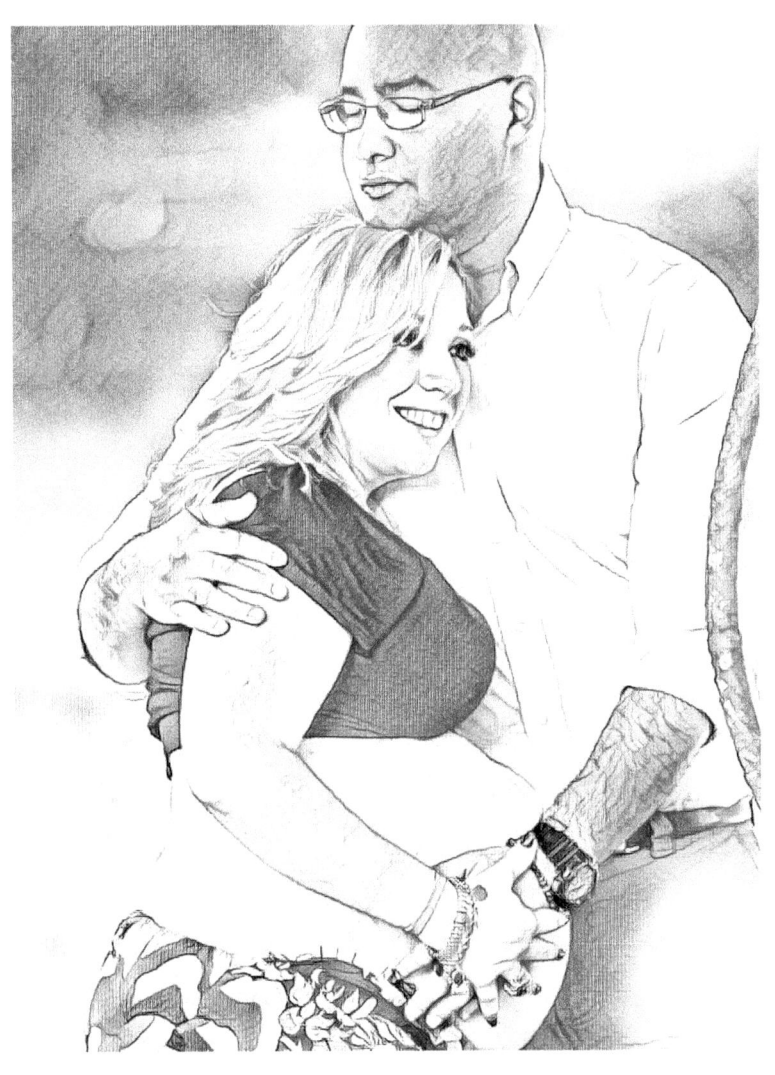

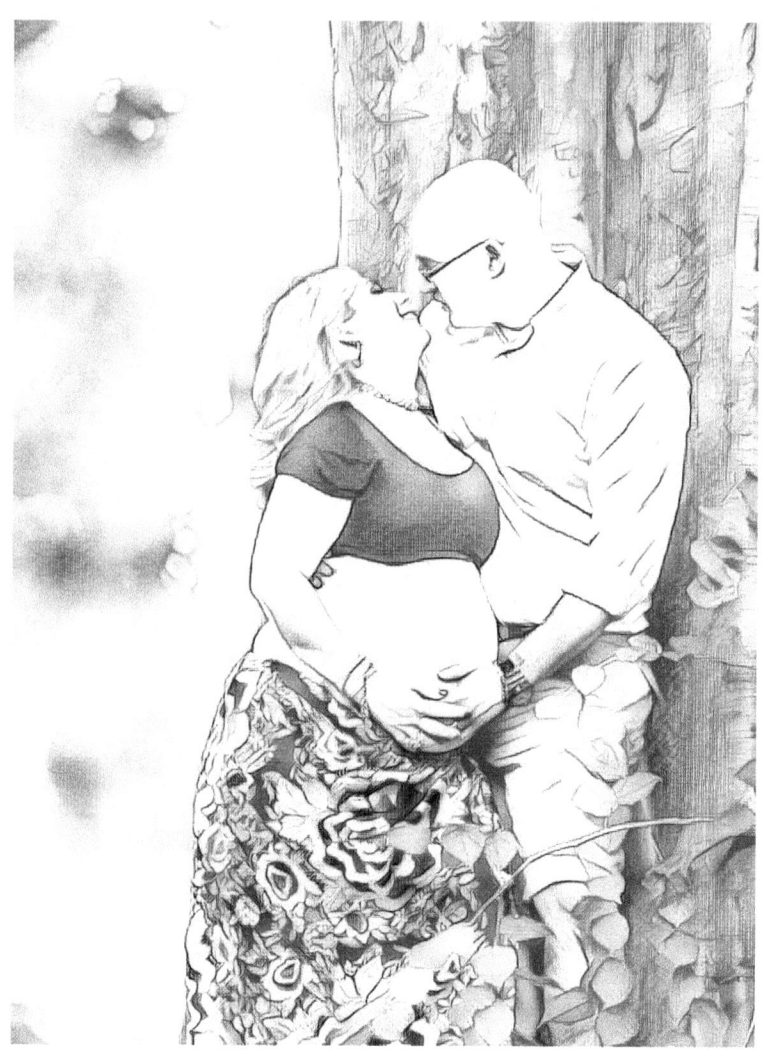

Esta es otra pose romántica. Se ven cómodos con el futuro papá descansando su espalda en un árbol.

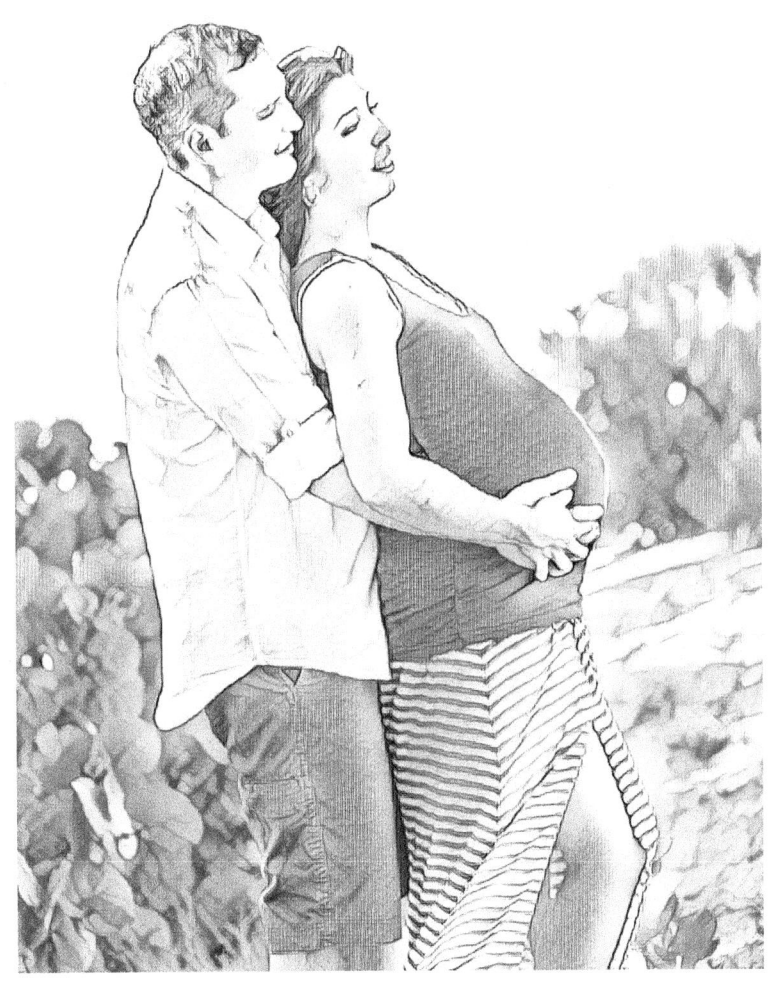

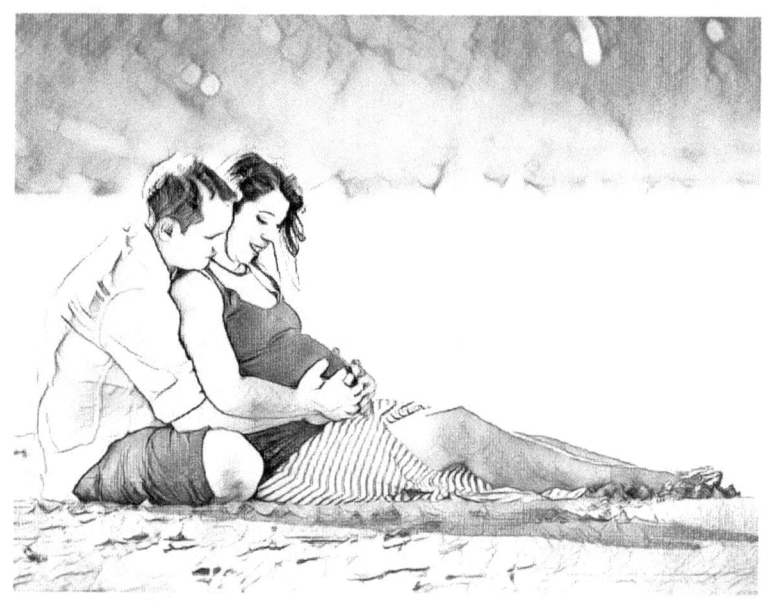

La playa es un gran lugar para sentar a la pareja en la arena. En este dibujo la pareja mira su vientre.

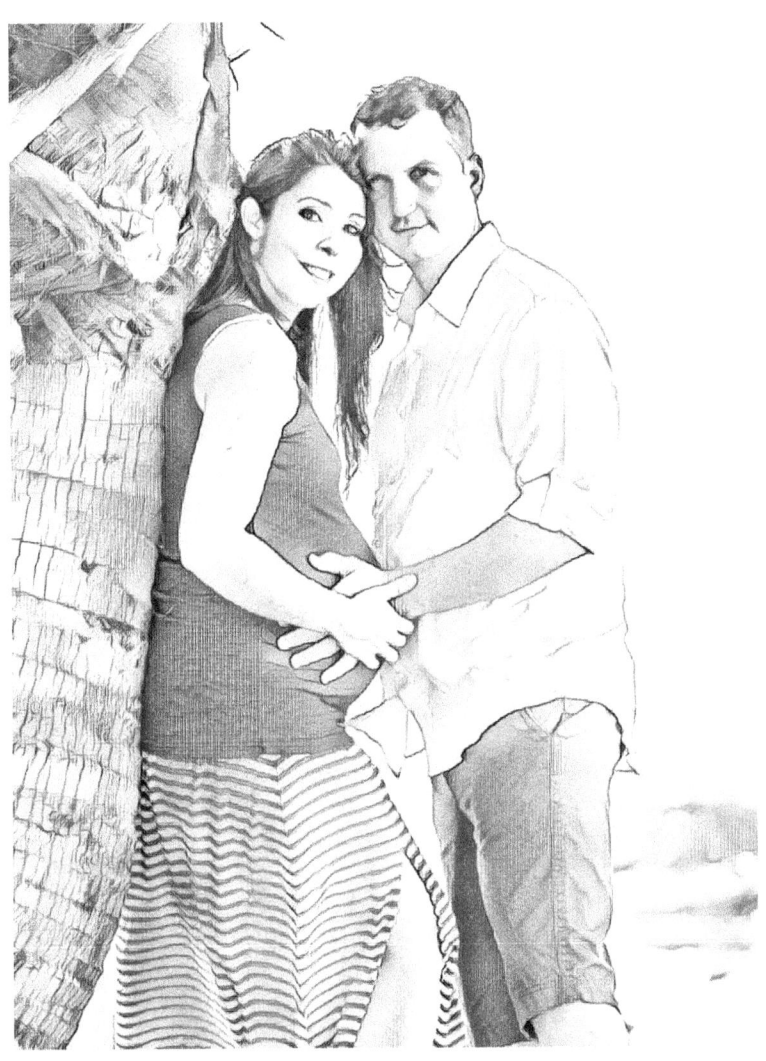

Pose romántica con la futura mamá apoyando su espalda en la palma. Ambos miran a la cámara.

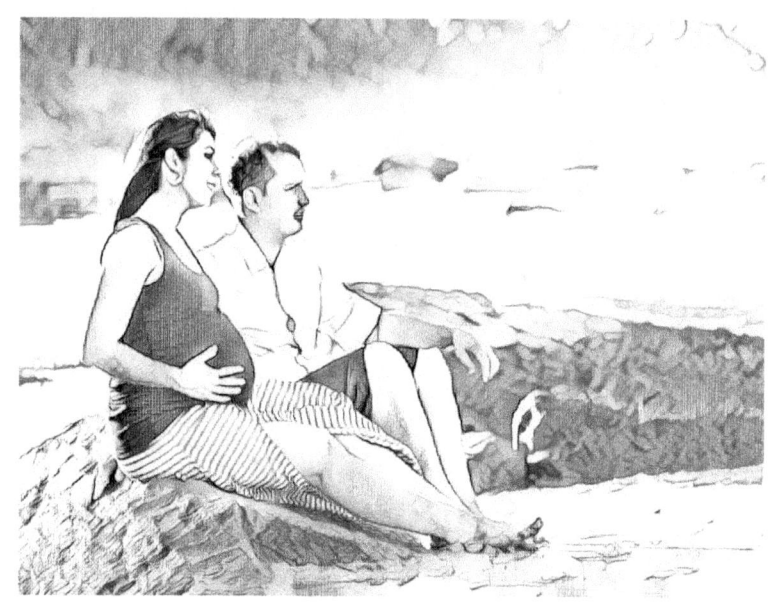

RECIEN NACIDOS

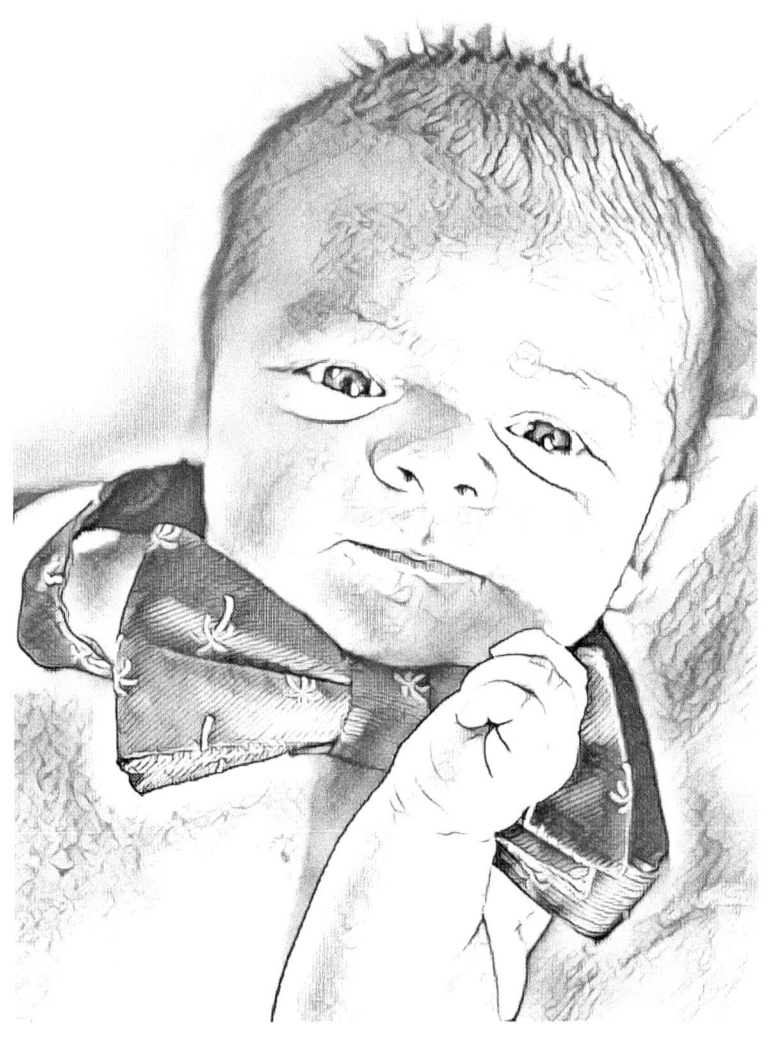

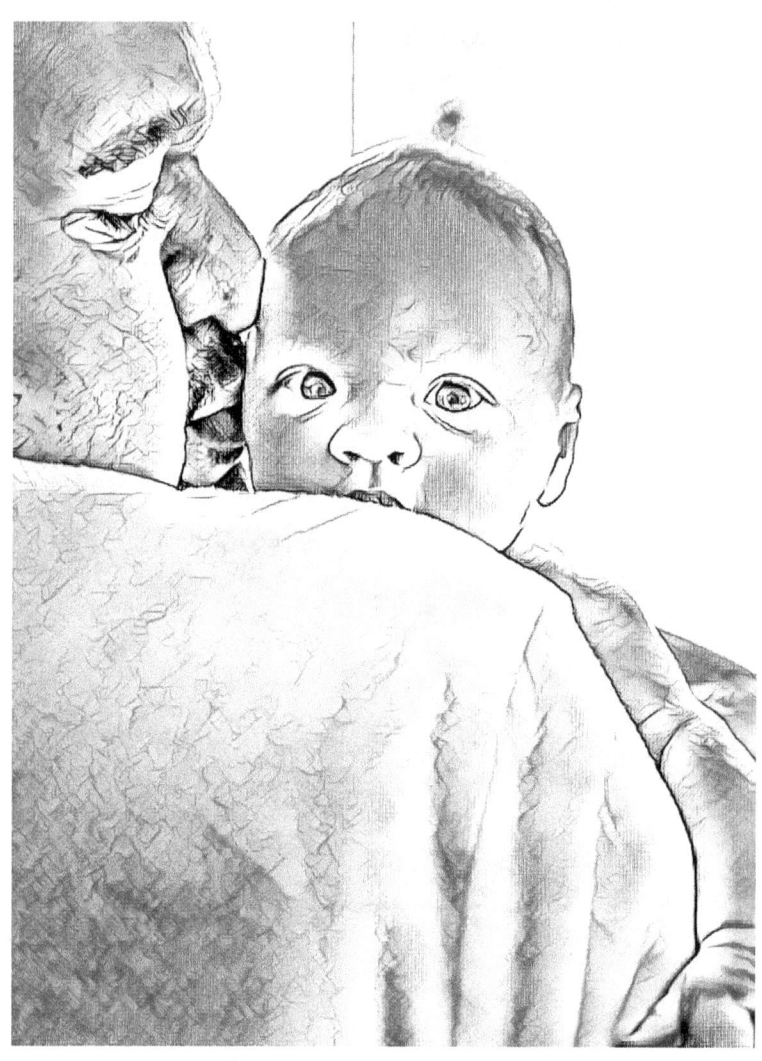

A los recién nacidos les gusta dormir mucho. Pero cuando están despiertos, pueden tener los ojos bien abiertos en varios momentos de la sesión fotográfica. Aprovecha para conseguir unas bonitas imágenes.

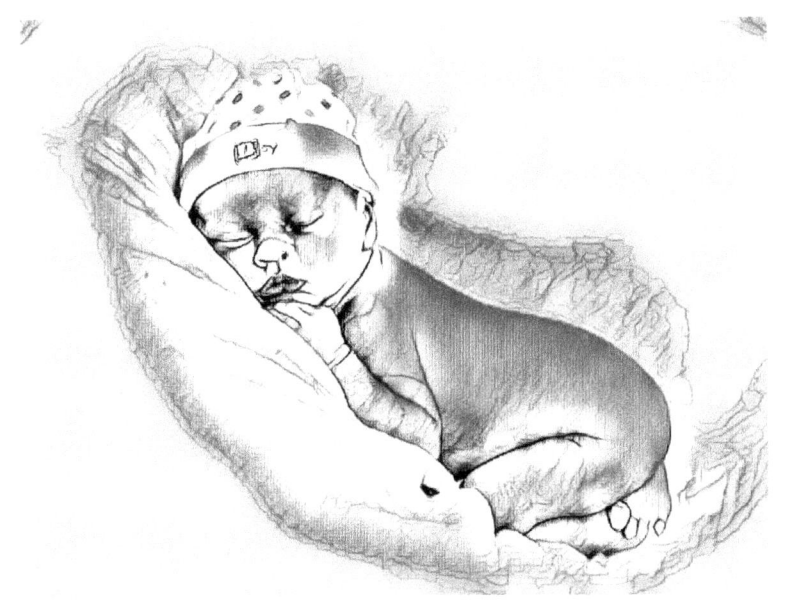

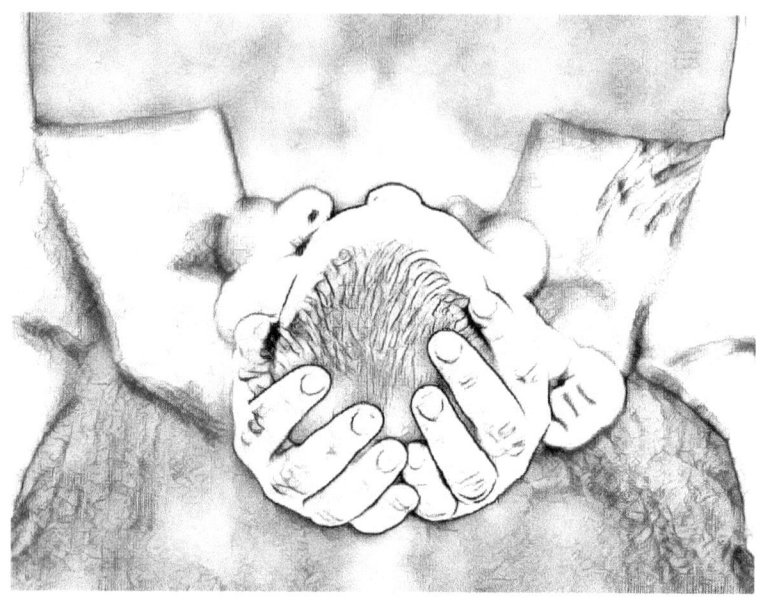

Las manos necesitan estar relajadas en esta pose.

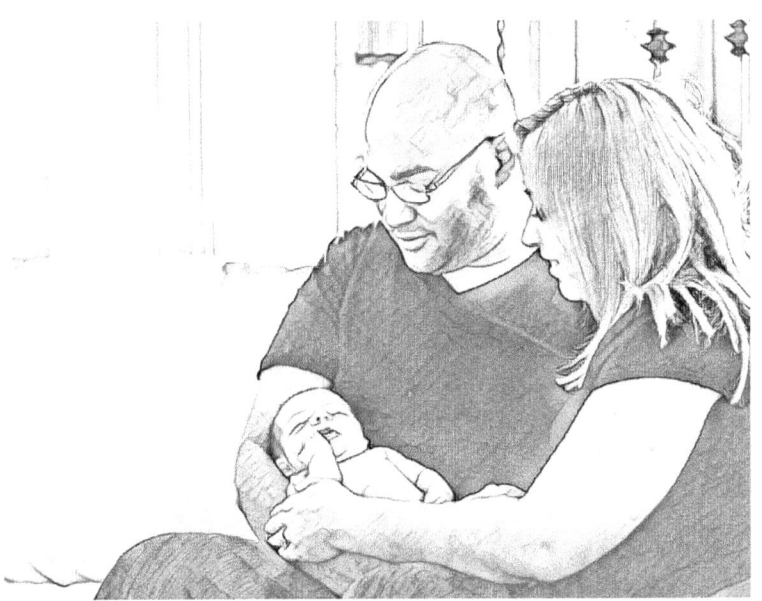

Papá sostiene al bebé. La pareja está sentada en un sofá.

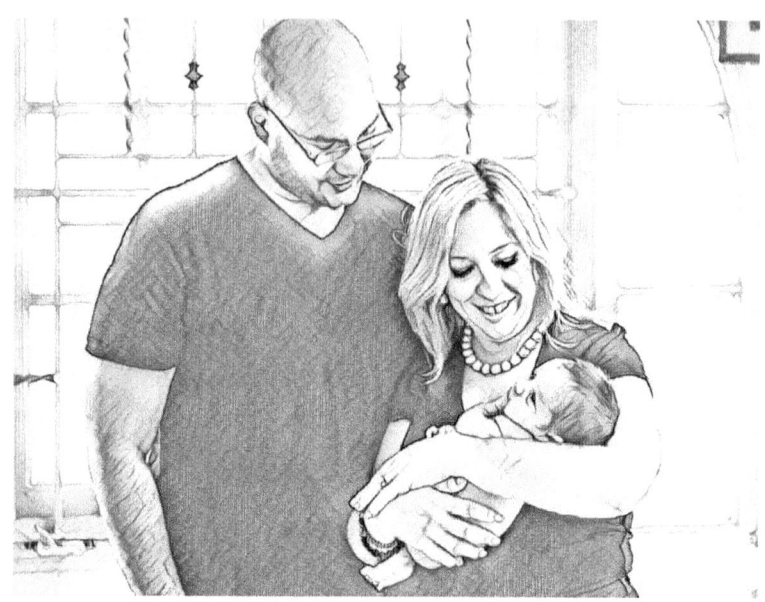

Ahora mamá sostiene al bebé y la pareja está de pie.

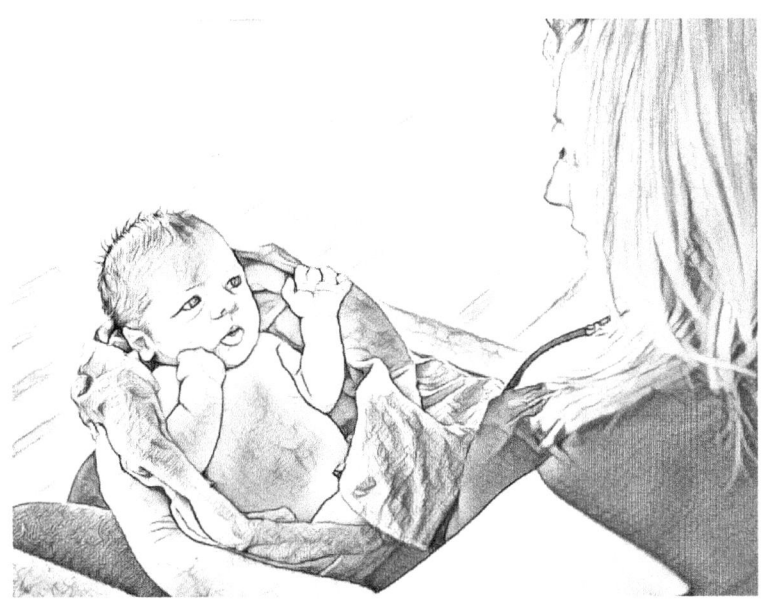

En este dibujo, mamá está sentada en una mecedora. Mire atentamente el ángulo de la cámara.

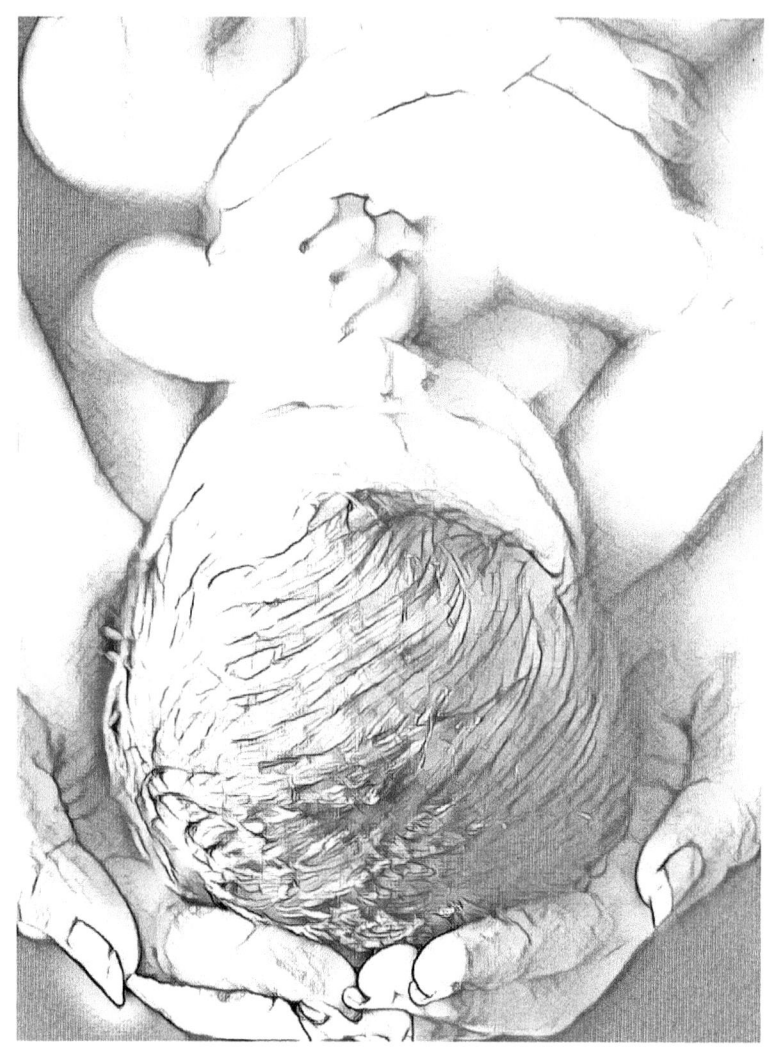

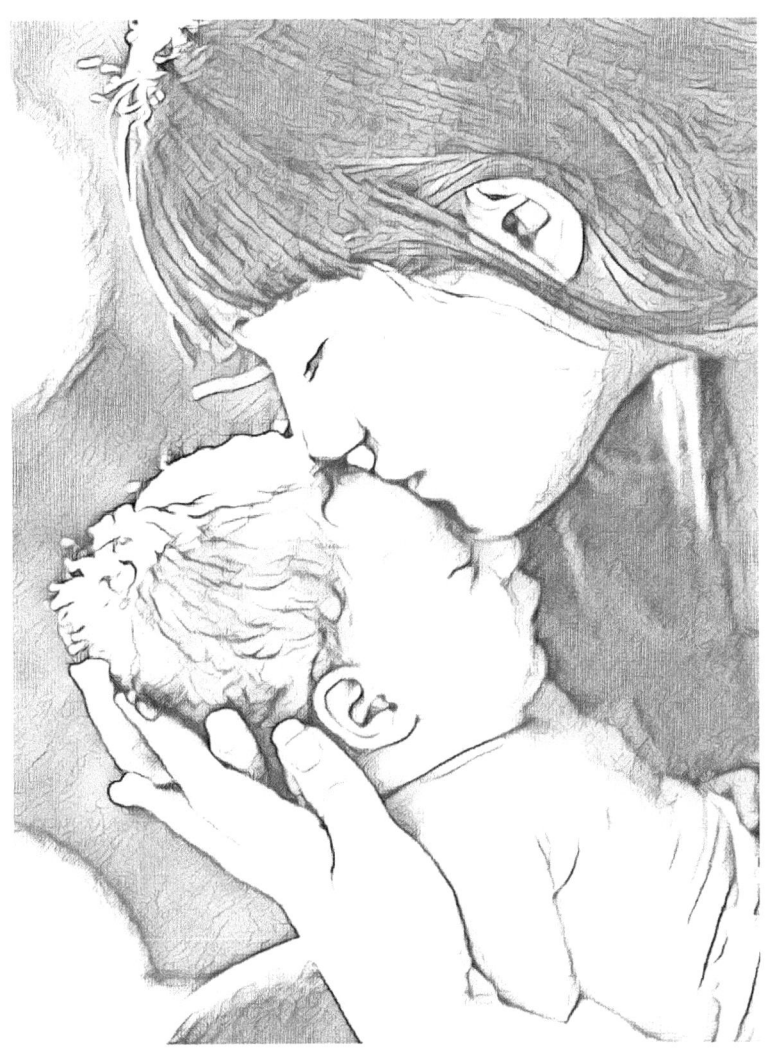

Del dibujo anterior, el ángulo cambia y ahora mamá besa a su hijo en la frente con los ojos cerrados.

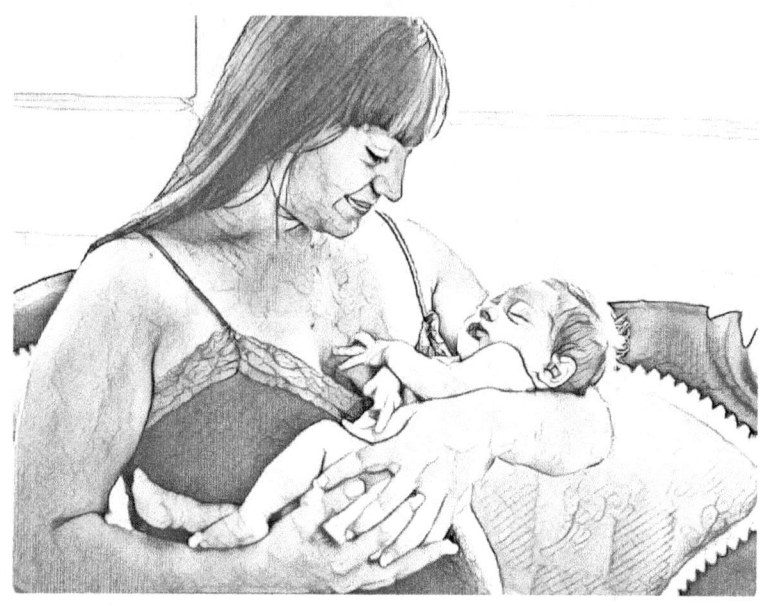

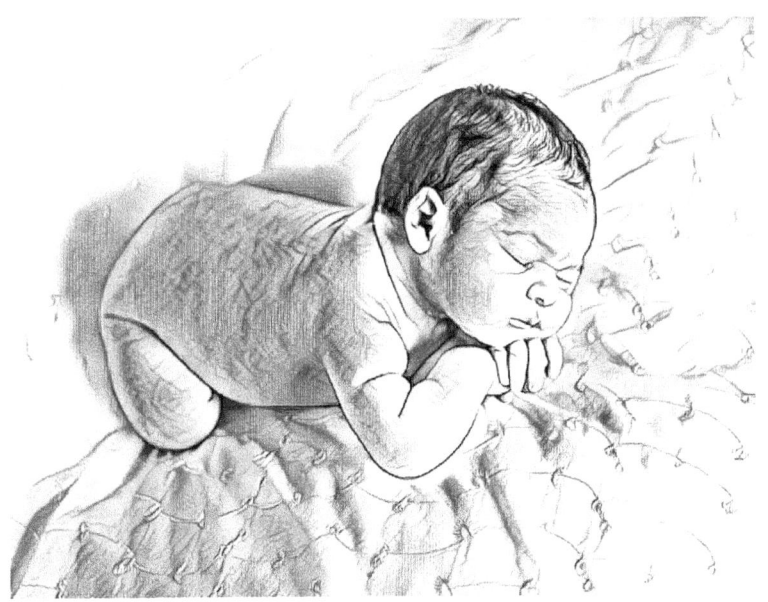

Posición fetal y manos cómodas. Este ángulo
es desde arriba.

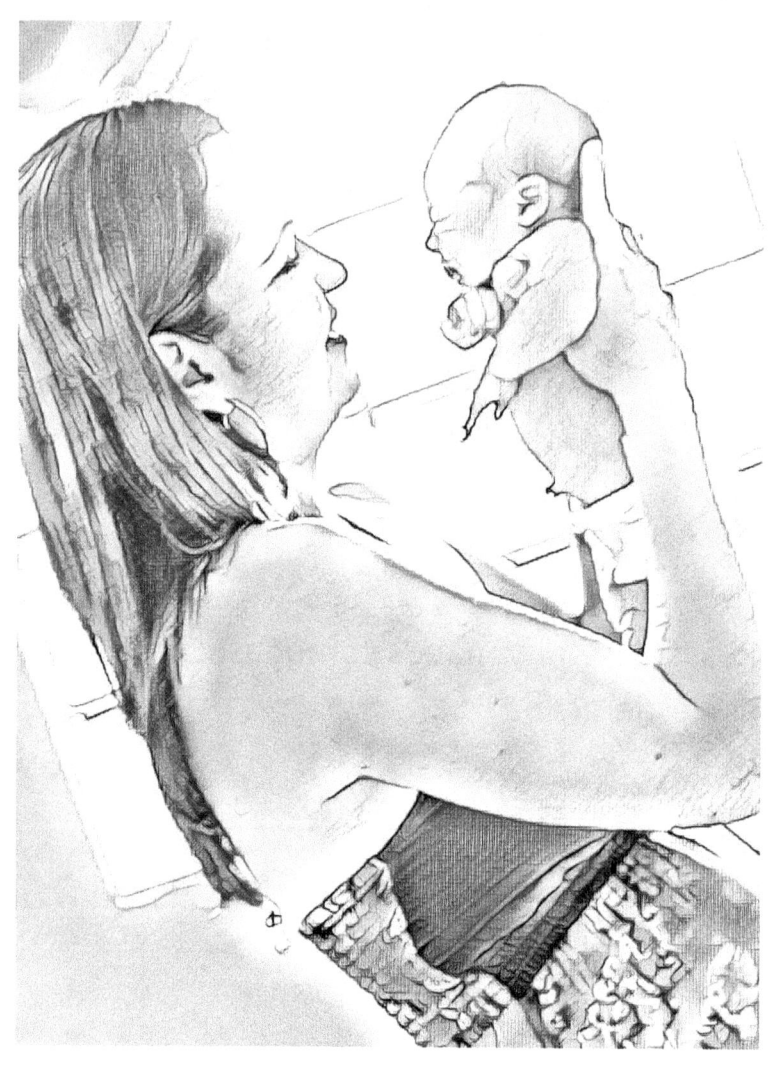

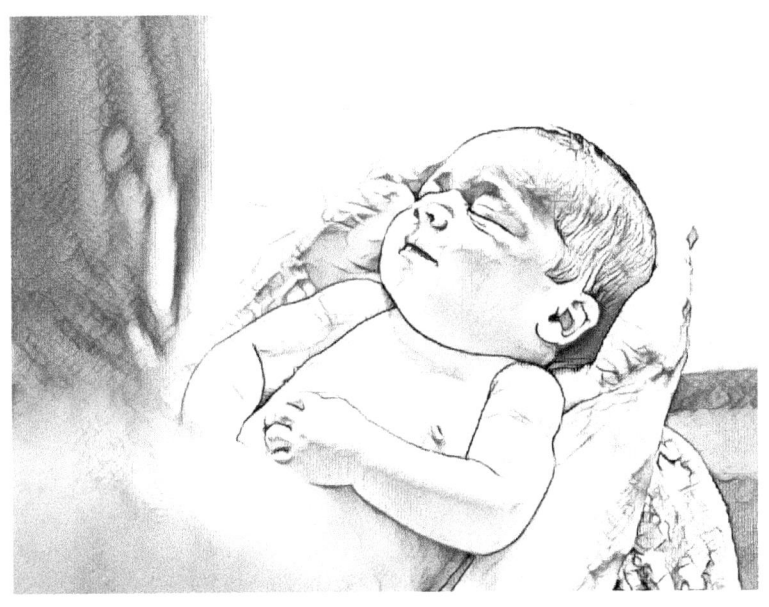

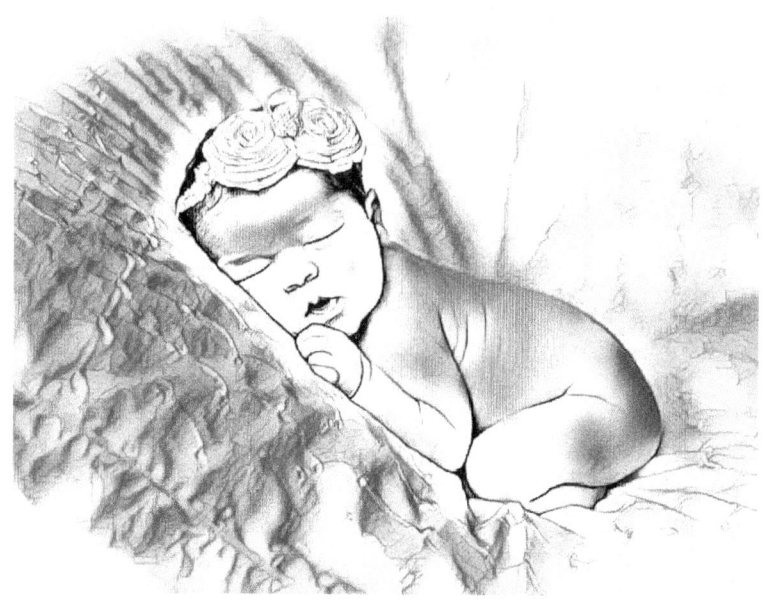

La posición fetal cómoda es muy importante. Puede lograr esta postura solo cuando el recién nacido esté completamente dormido.

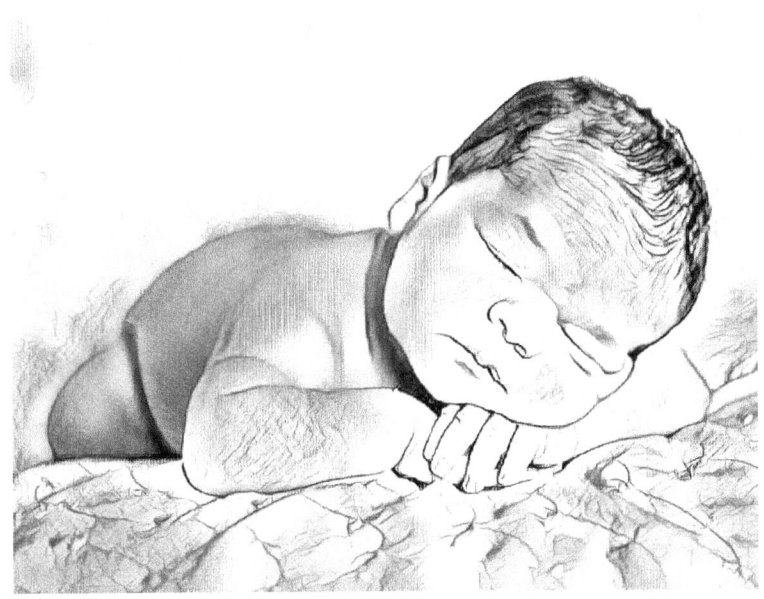

Postura cómoda del recién nacido. En esta situación, la cara siempre debe estar visible. No deje que las manos interfieran.

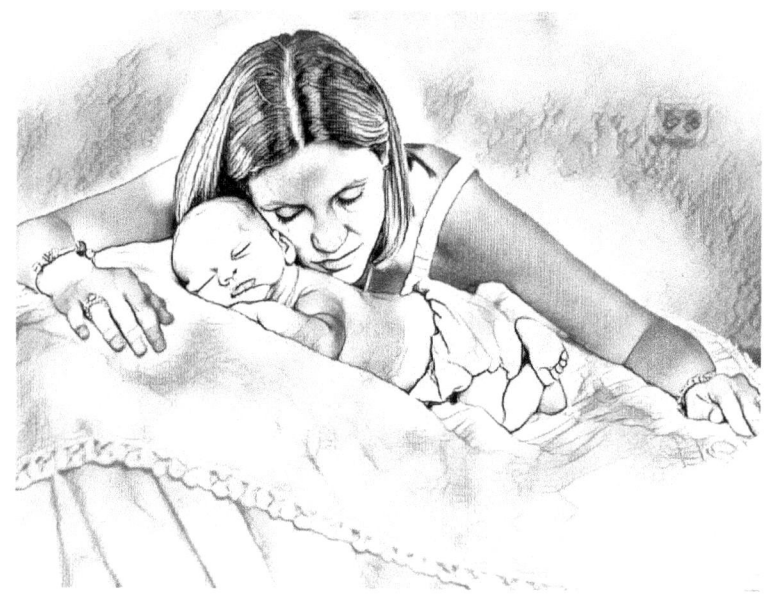

Observe con mucha atención la posición de los brazos de mamá en este dibujo. Uno está flexionado y el otro más extendido dándole líneas dinámicas a la composición.

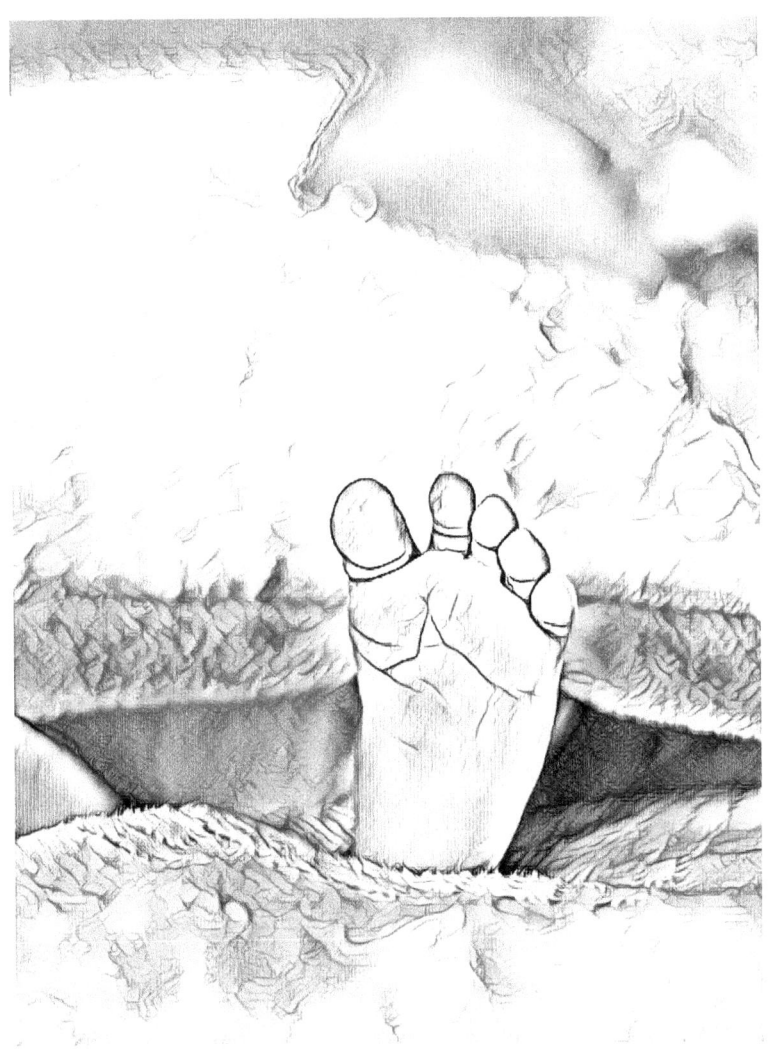

Varias imágenes de los pies y las manos del bebé siempre resultan especiales.

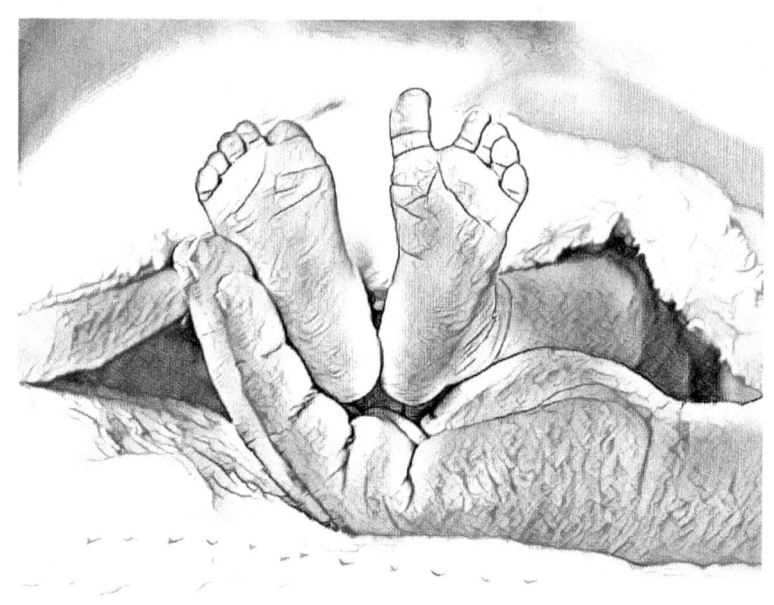

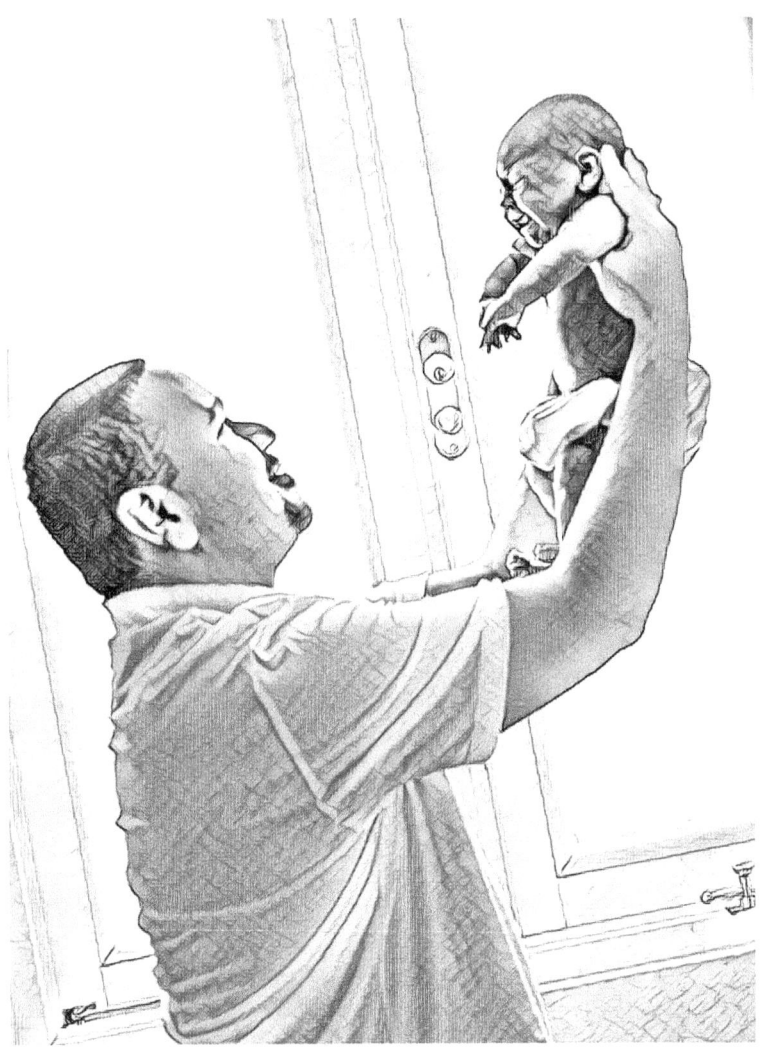

Papá sostiene a su bebé más alto que él.
Hay una pequeña inclinación de la cámara
que hace que el recién nacido parezca más
alto.

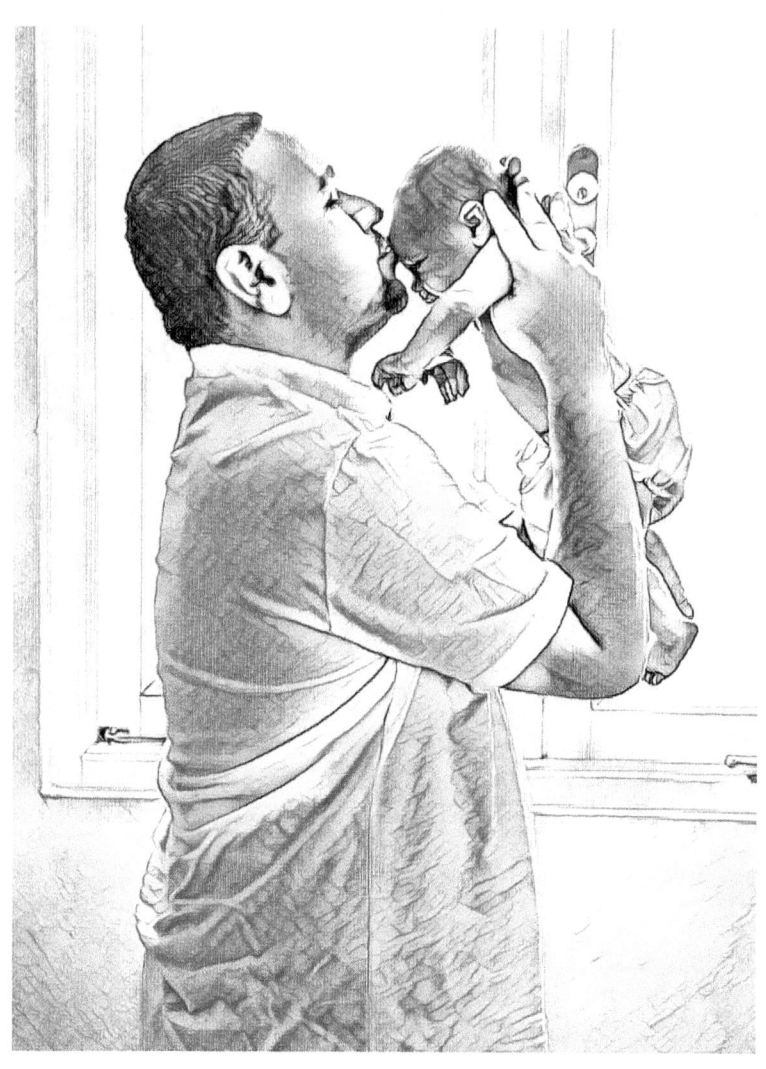

Variación de la imagen anterior. Ahora un beso en la frente.

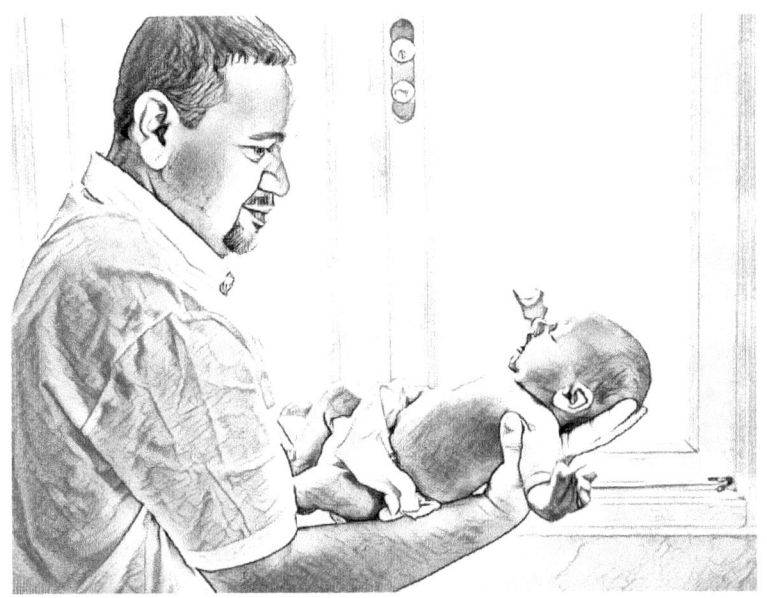

Otra variación del dibujo anterior.

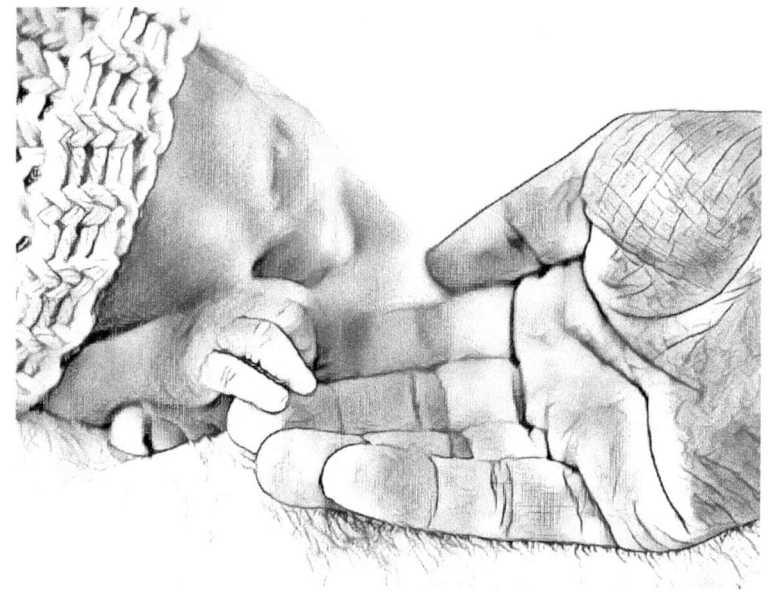

Una foto de las manos siempre es especial.

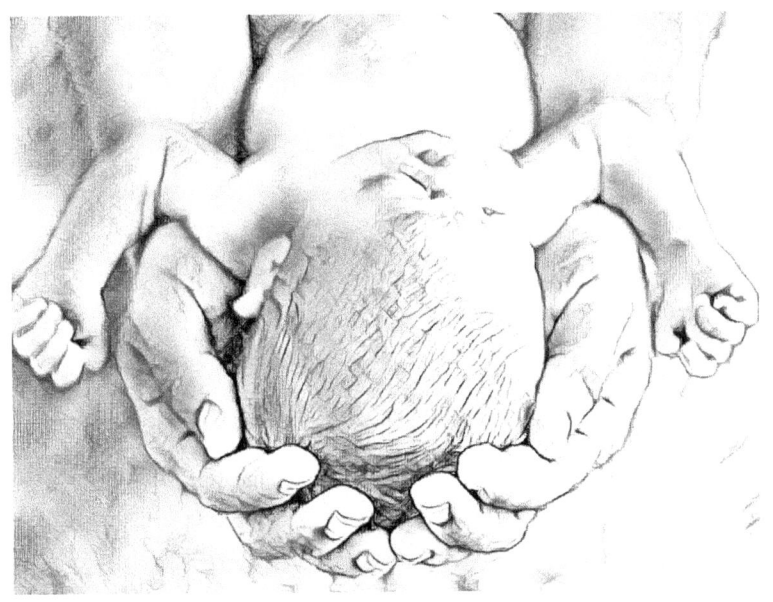

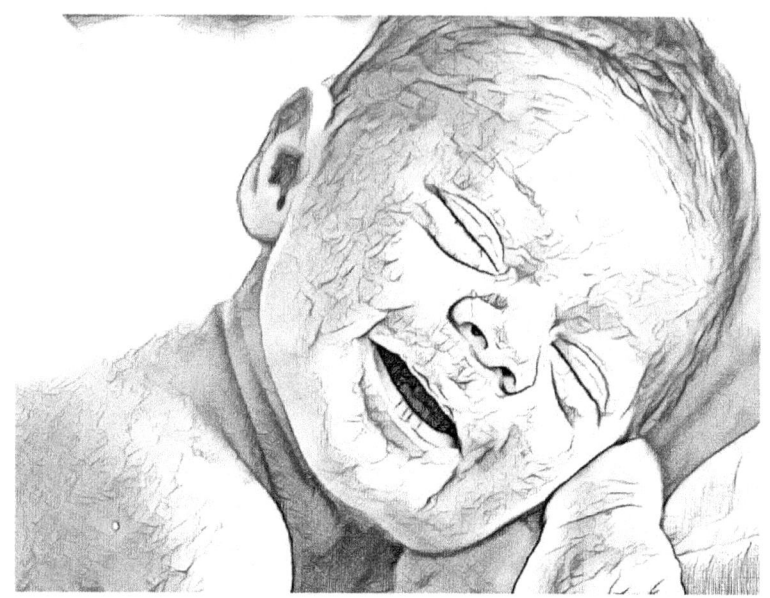

Los recién nacidos a veces sonríen mientras duermen. Intente esperar este momento y tome la foto.

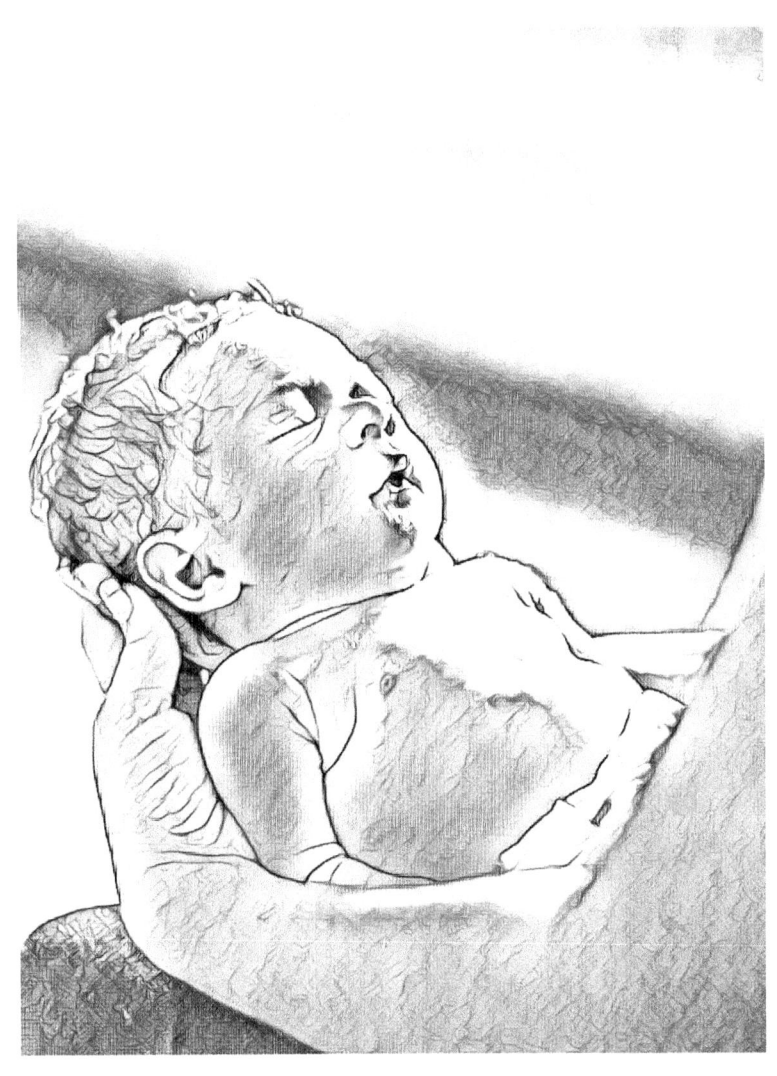

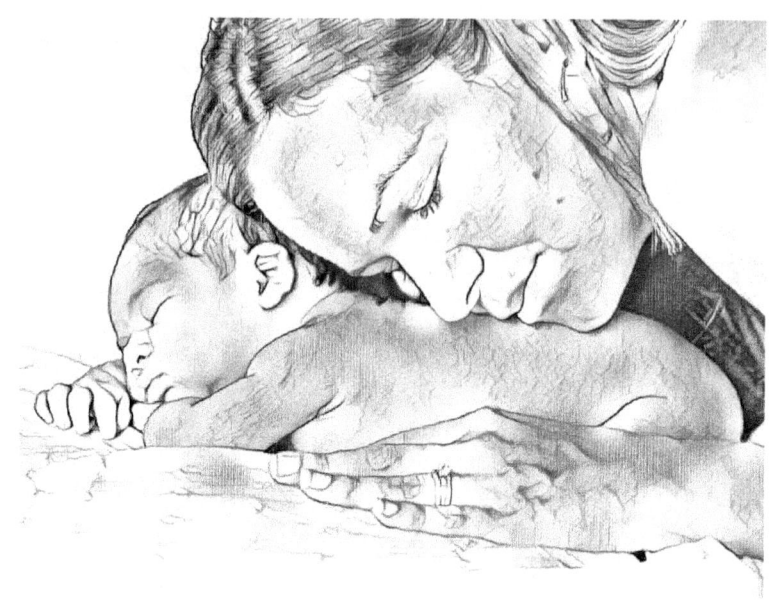

BEBÉS

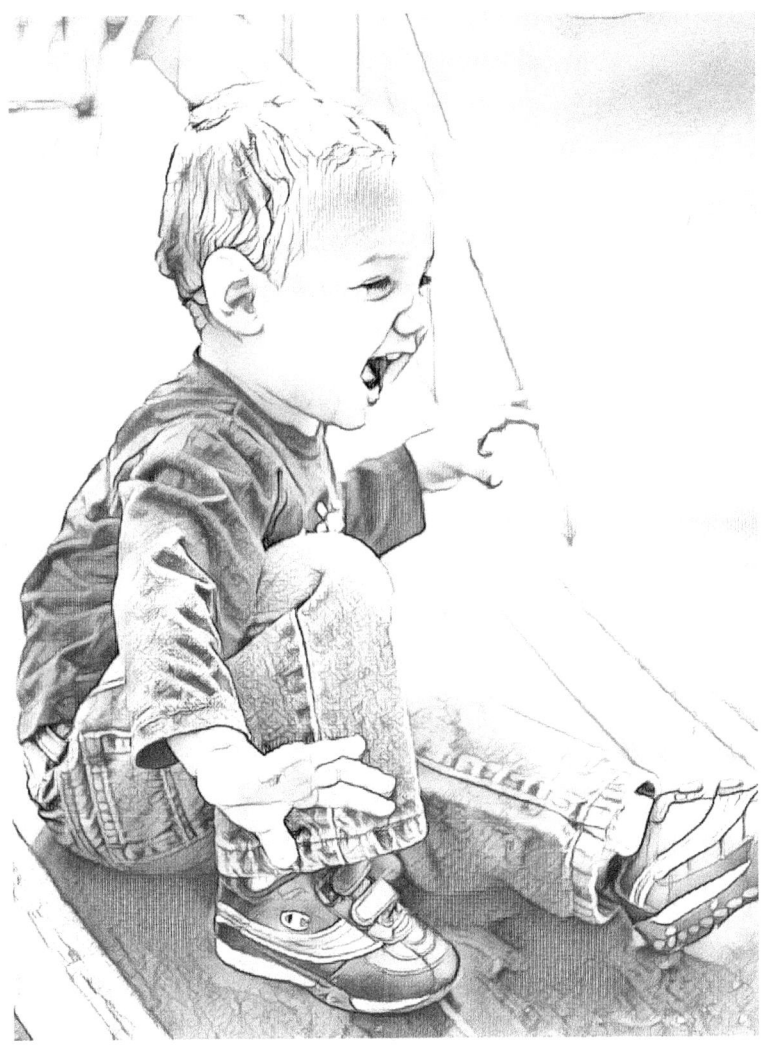

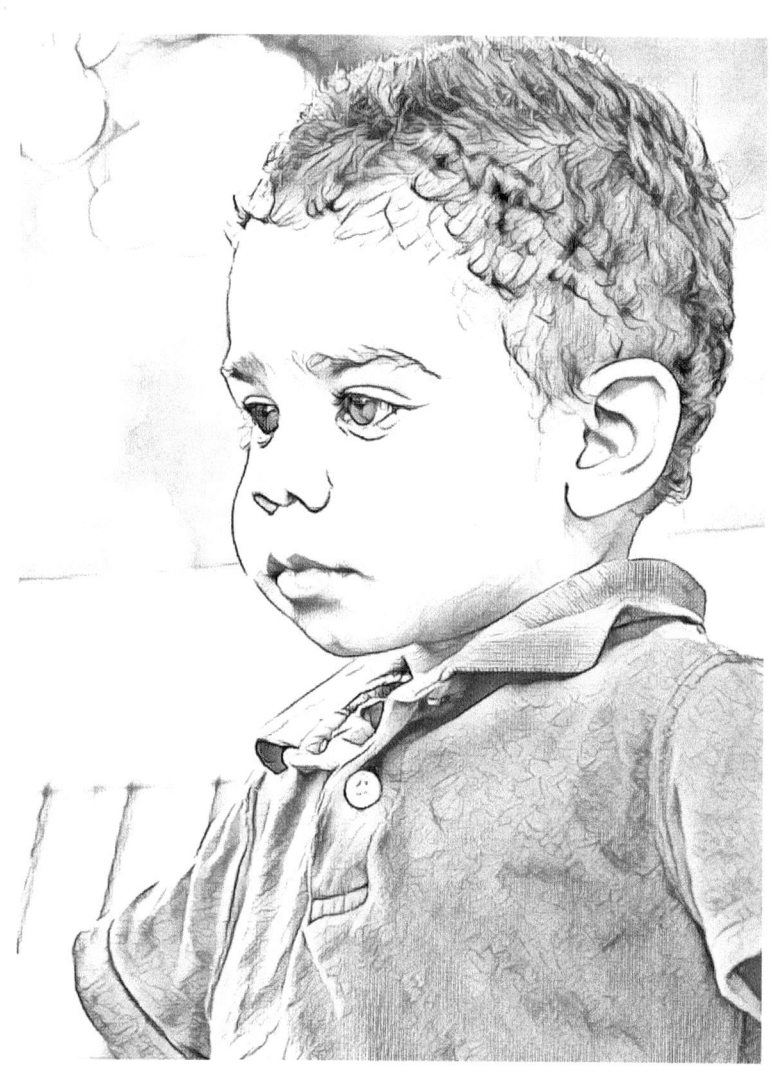

A los más pequeños debemos dejarles jugar y esperar el momento perfecto.

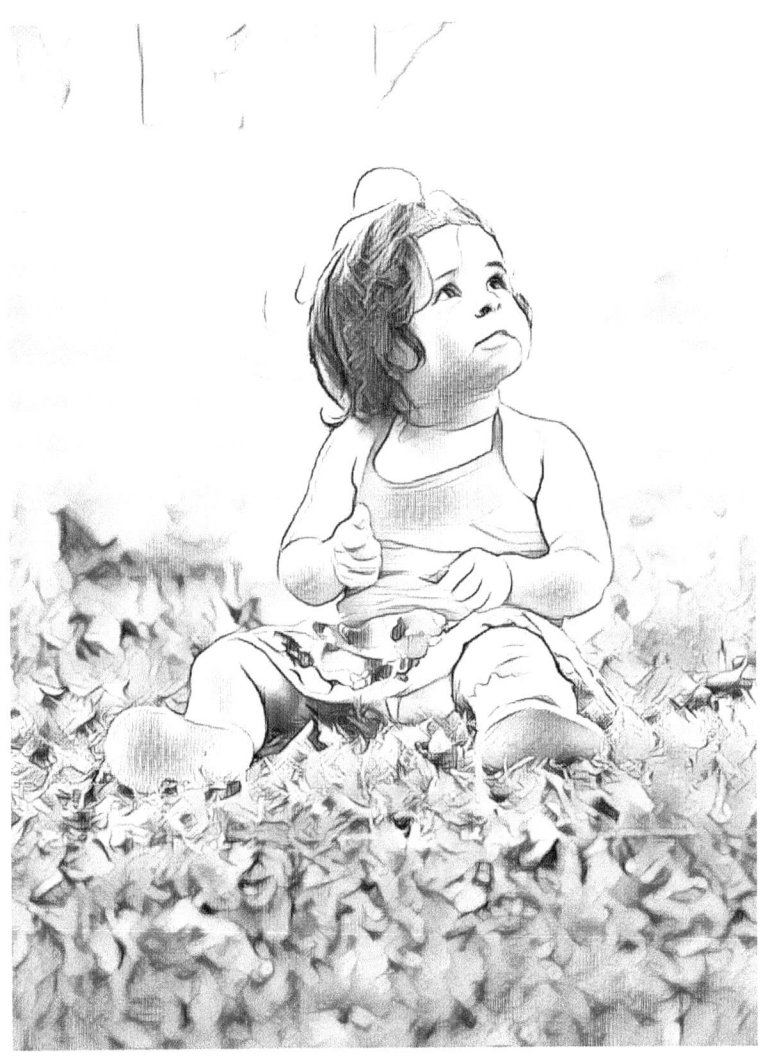

Si estamos lejos de ellos con un superteleobjetivo, no notarán nuestra presencia. De esa forma podemos conseguir expresiones naturales.

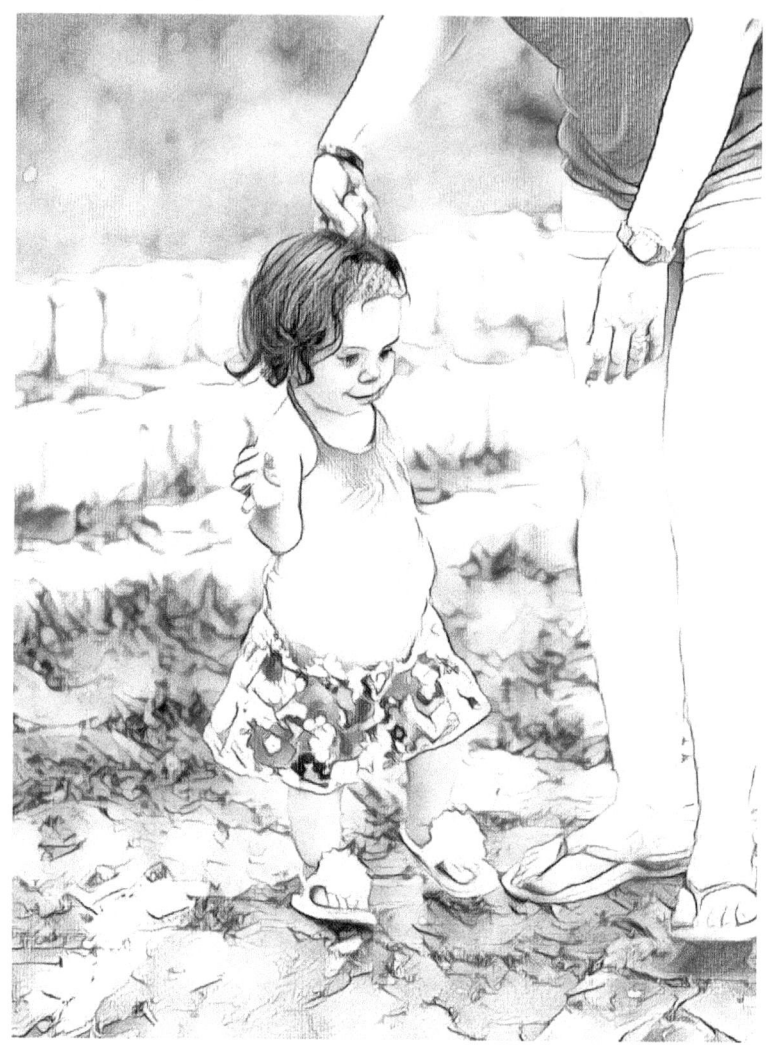

Cuando sea posible, ayudar a los bebés a caminar puede parecer muy encantador en las imágenes.

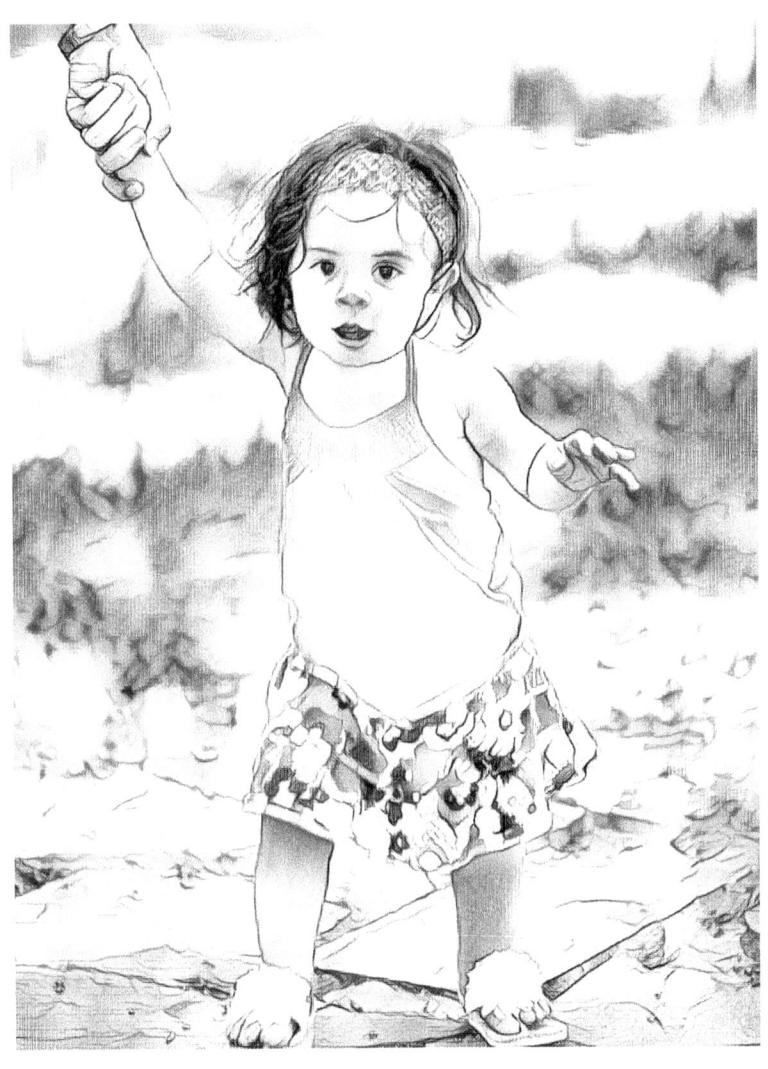

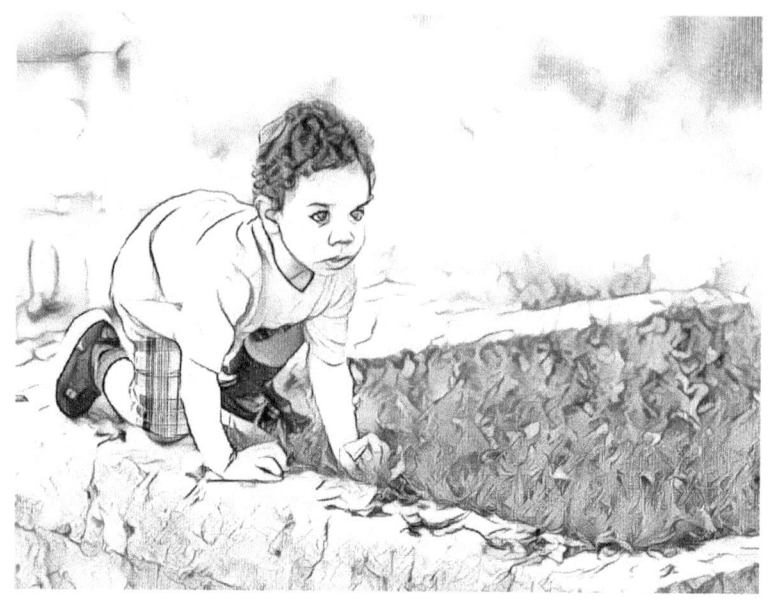

Algunos pequeños son muy activos y simplemente no pueden posar. Pero todavía podemos conseguir buenas fotografías. Simplemente síguelos desde la distancia, espera el momento perfecto y tome la foto.

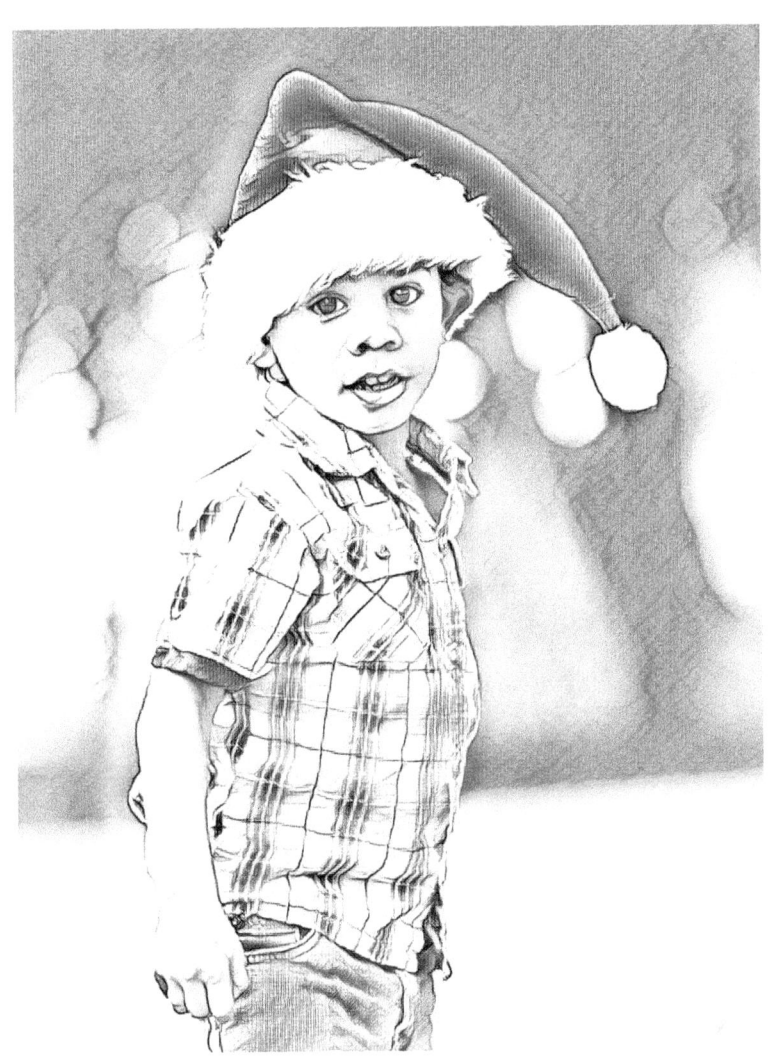

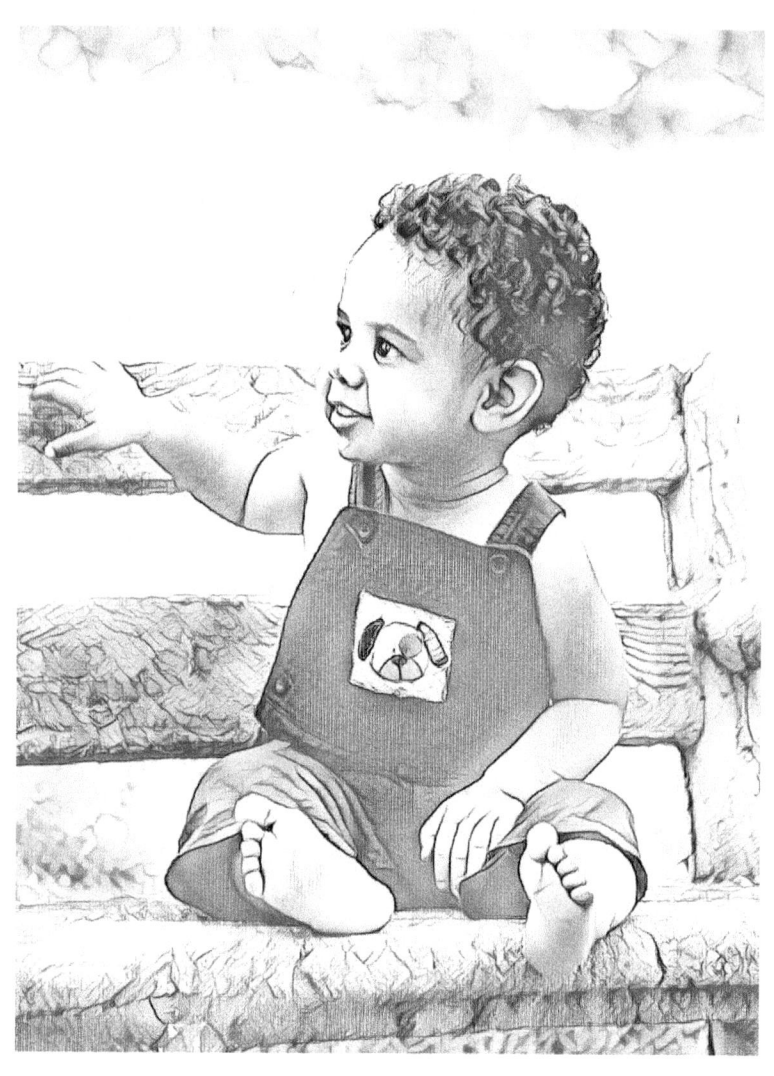

Los pies descalzos pueden resultar muy encantadores en algún momento de la sesión fotográfica.

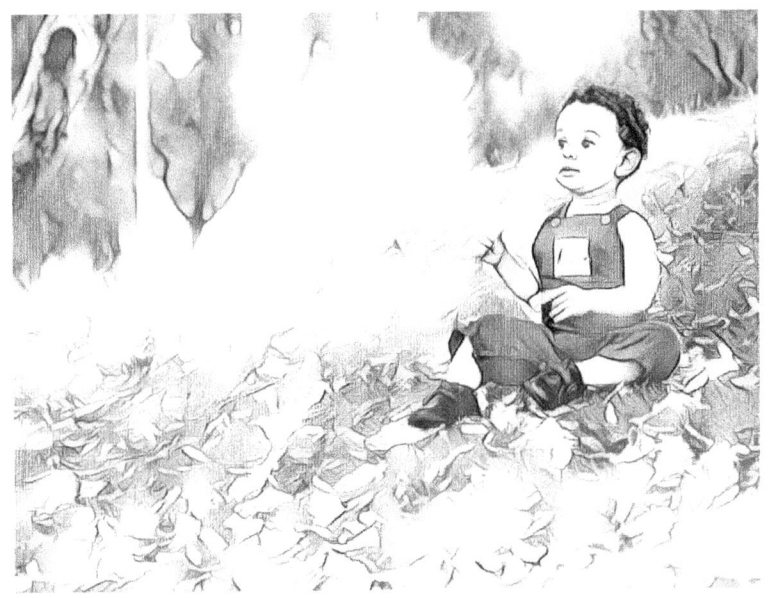

Sentar a los bebés en lugares interesantes como la playa o el parque puede dar como resultado bellas imágenes. Solo espere las expresiones en sus caras.

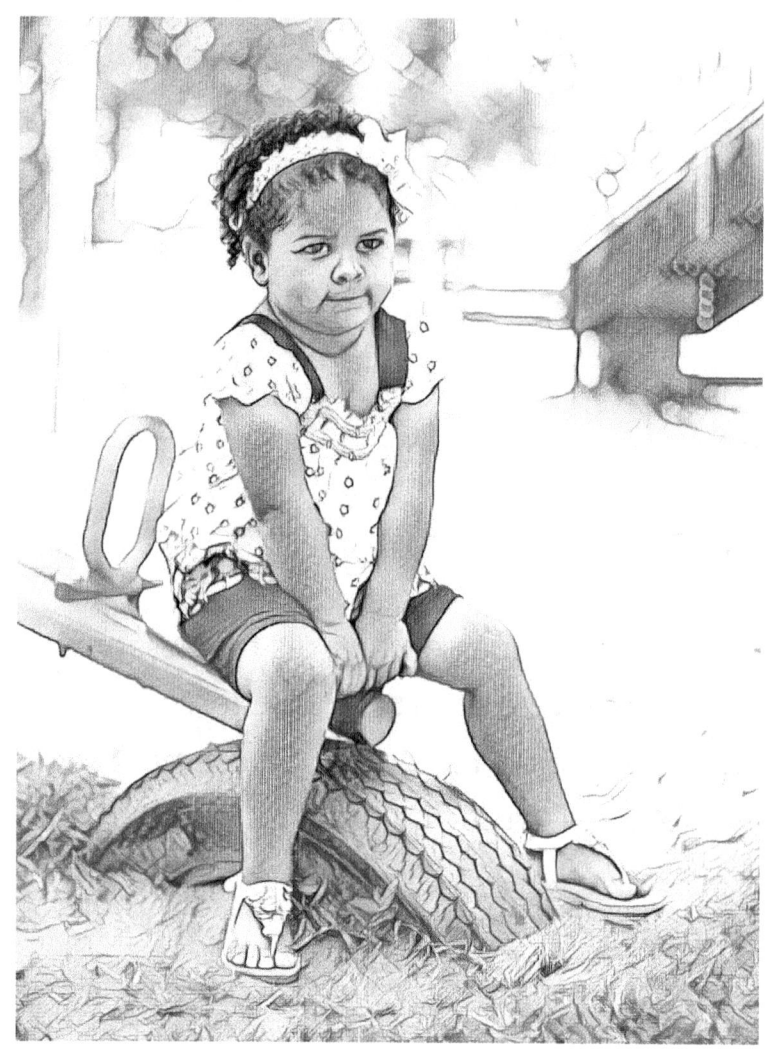

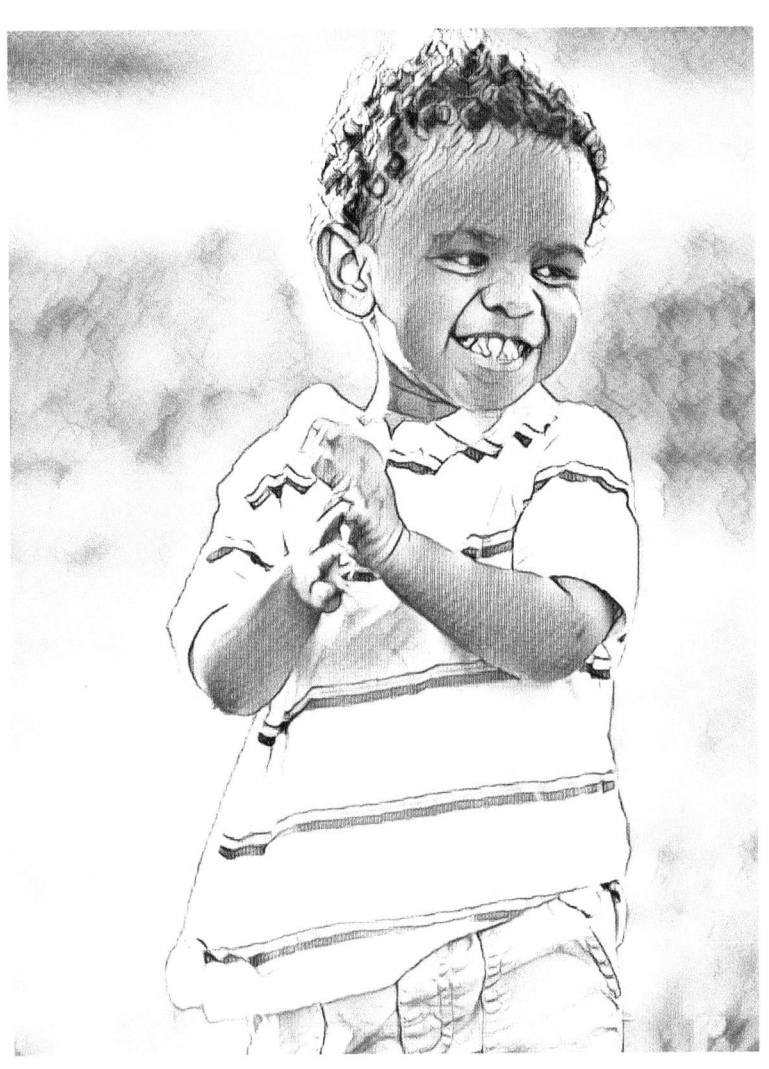

NIÑOS

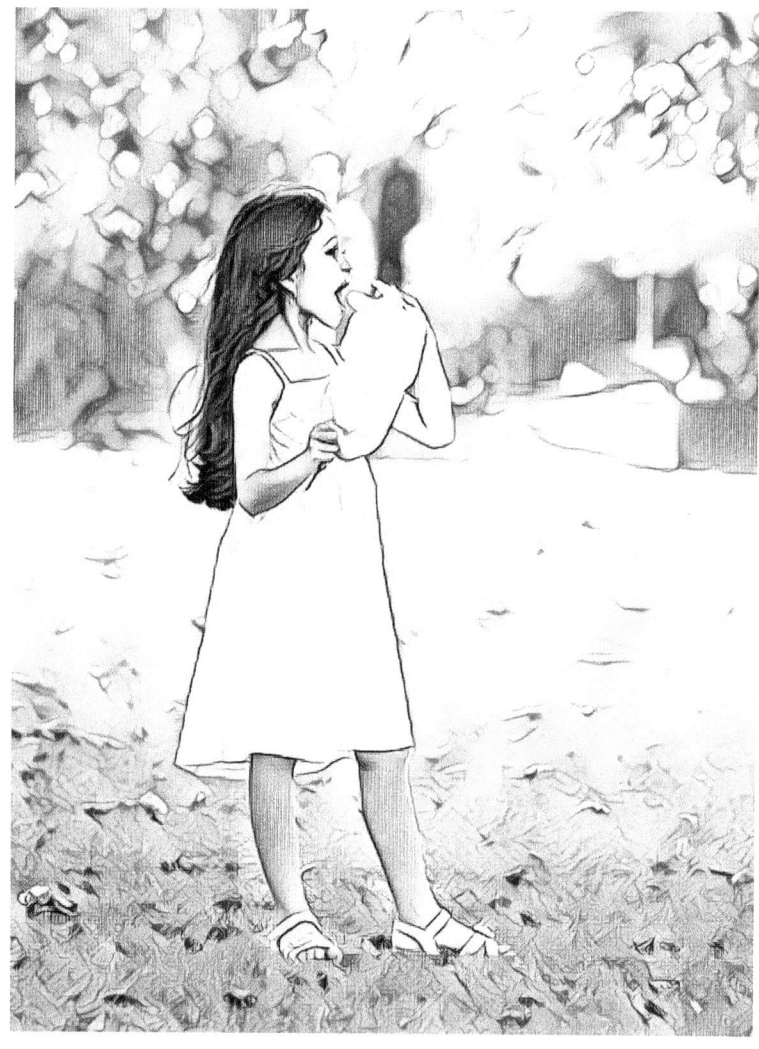

Comer un poco de algodón de azúcar en el parque puede resultar útil para algunas imágenes.

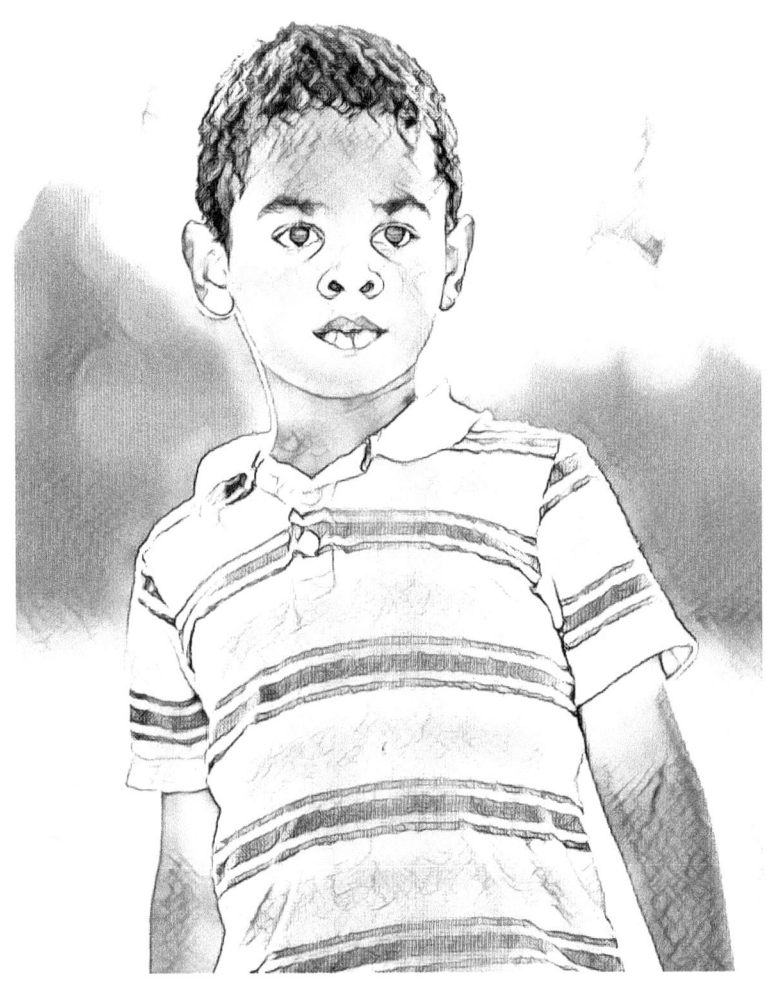

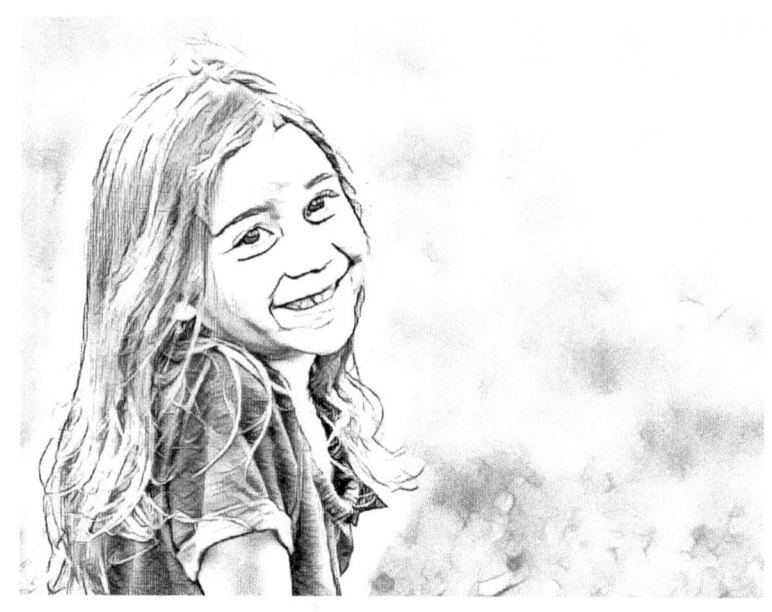

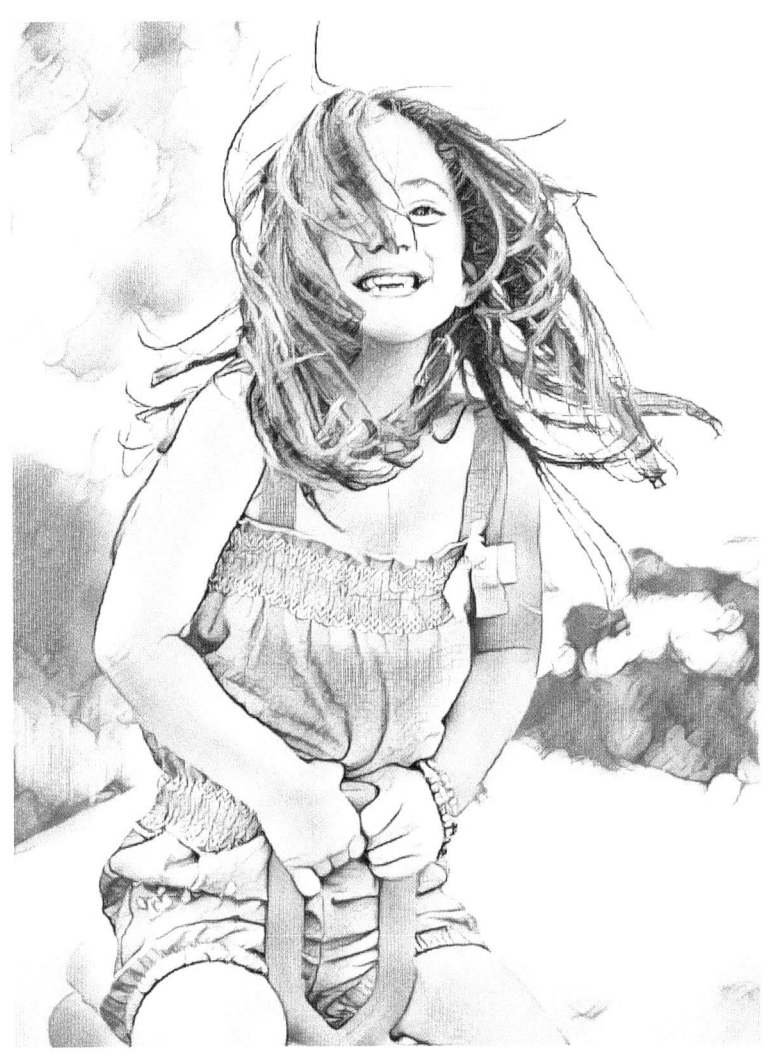

Esta chica está pendiente de la cámara mientras juega. Ella va hacia abajo mientras su cabello parece flotar. Este fue un momento perfecto para tomar la fotografía.

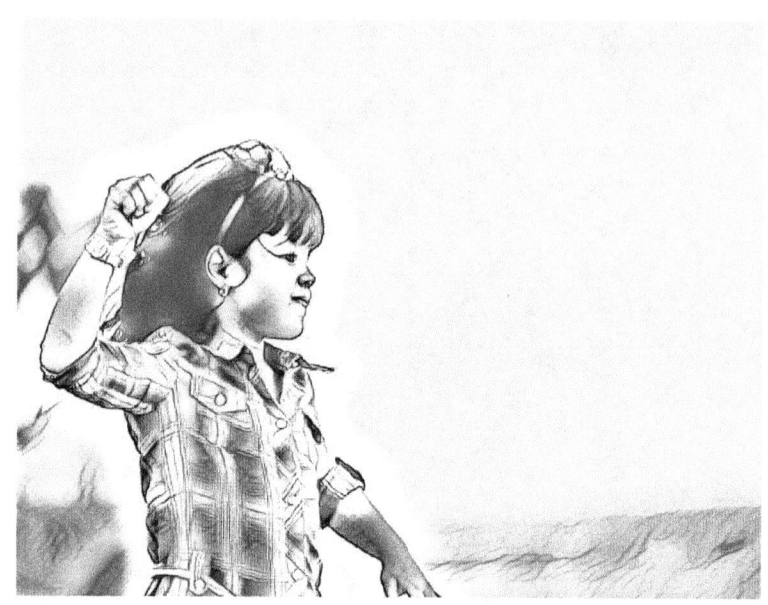

En la playa esta niña juega con arena.

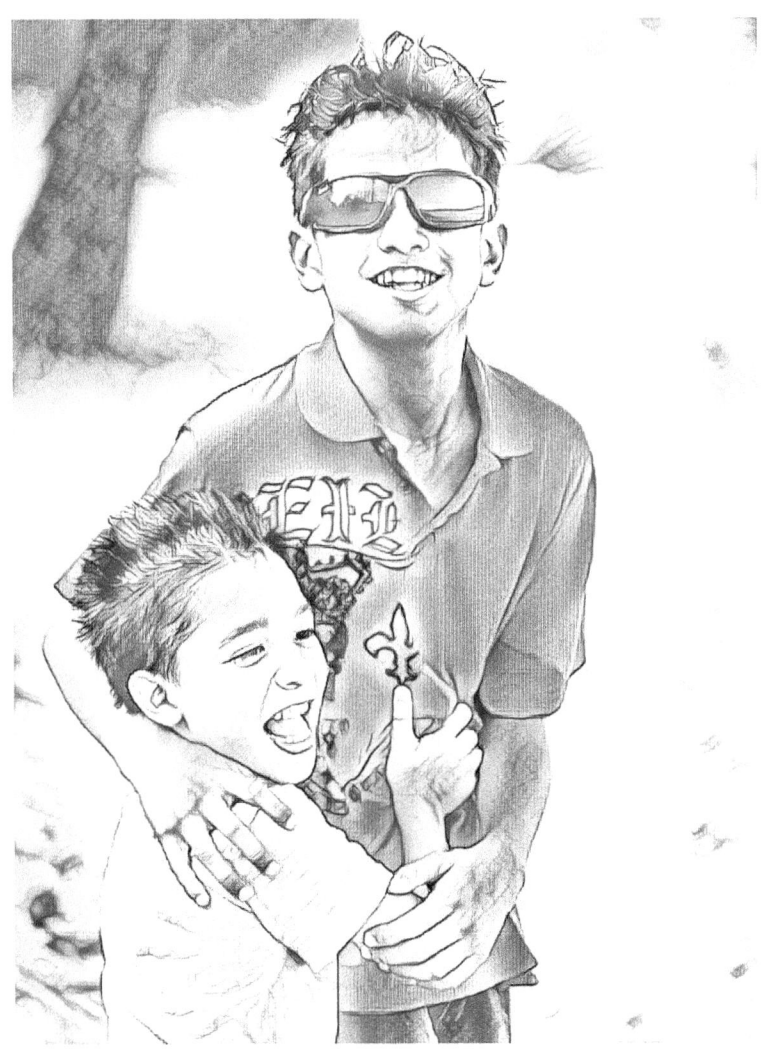

Estos niños simplemente se divierten en la playa. Simplemente espera el momento perfecto y tome la foto.

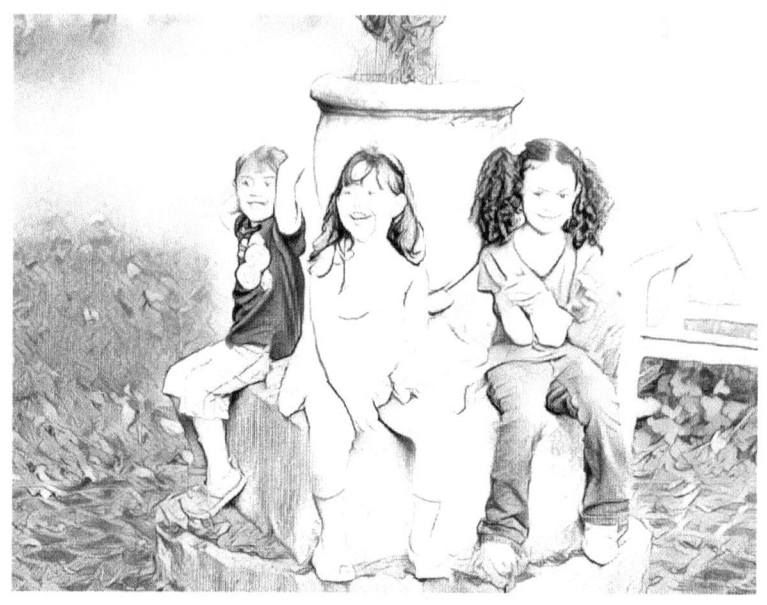

En el parque, estos tres niños posan estratégicamente para una bonita foto. Sólo espere el momento perfecto.

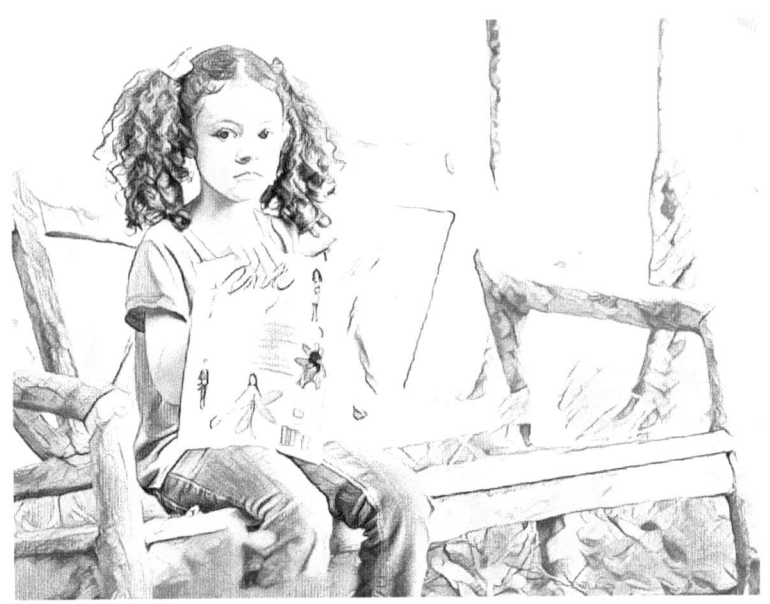

Siempre es bueno tener niños sentados en los bancos del parque. Esta chica tiene un libro en sus manos y mira a la cámara. Puede que tenga una cara seria, pero parece encantadora. El espacio a la derecha da equilibrio al dibujo.

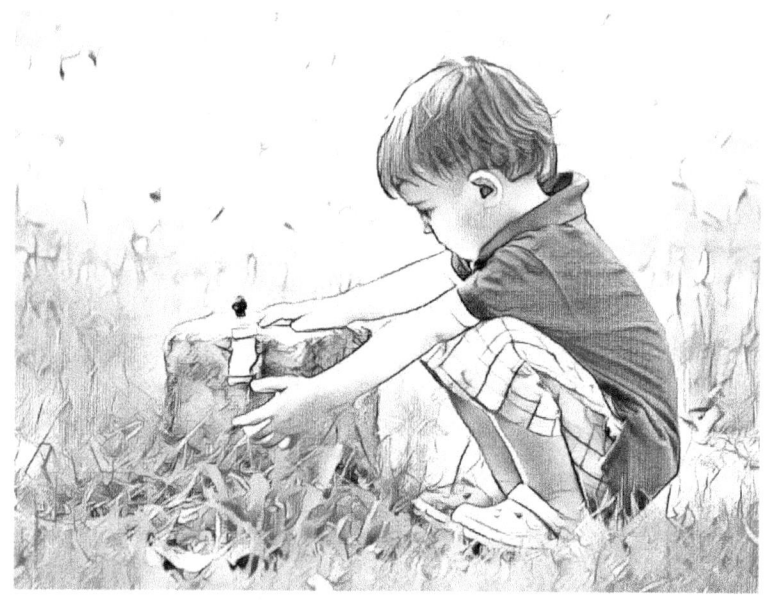

Ten siempre tu cámara preparada a mano.
No querrás perderte el momento.

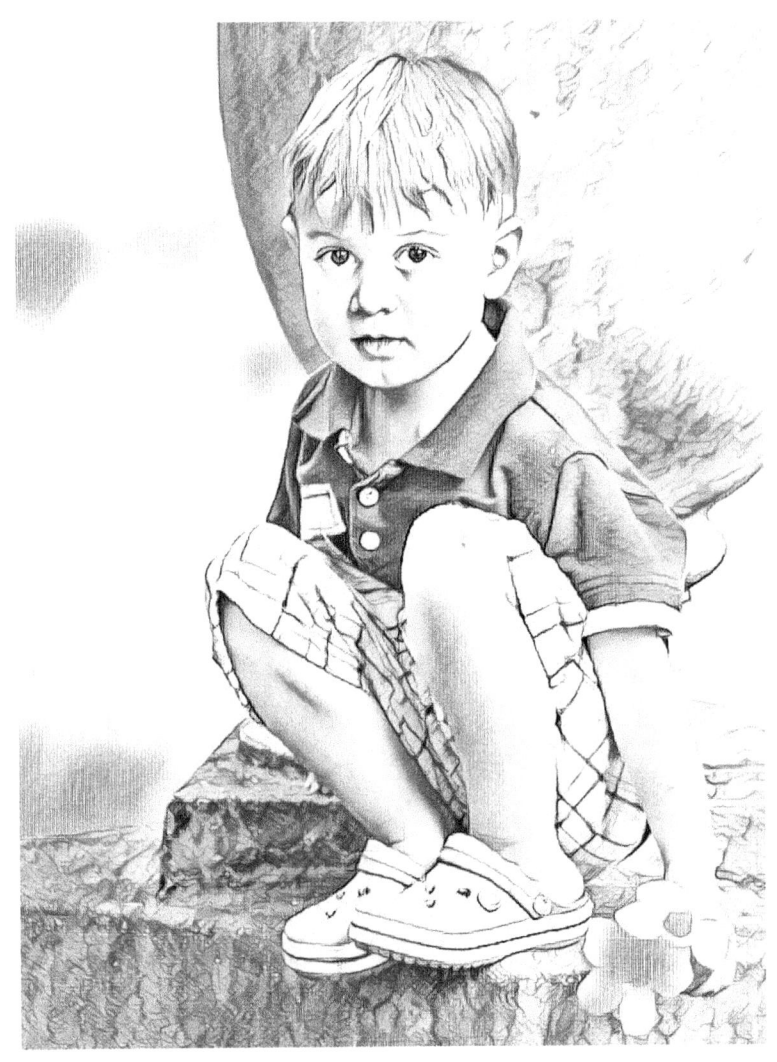

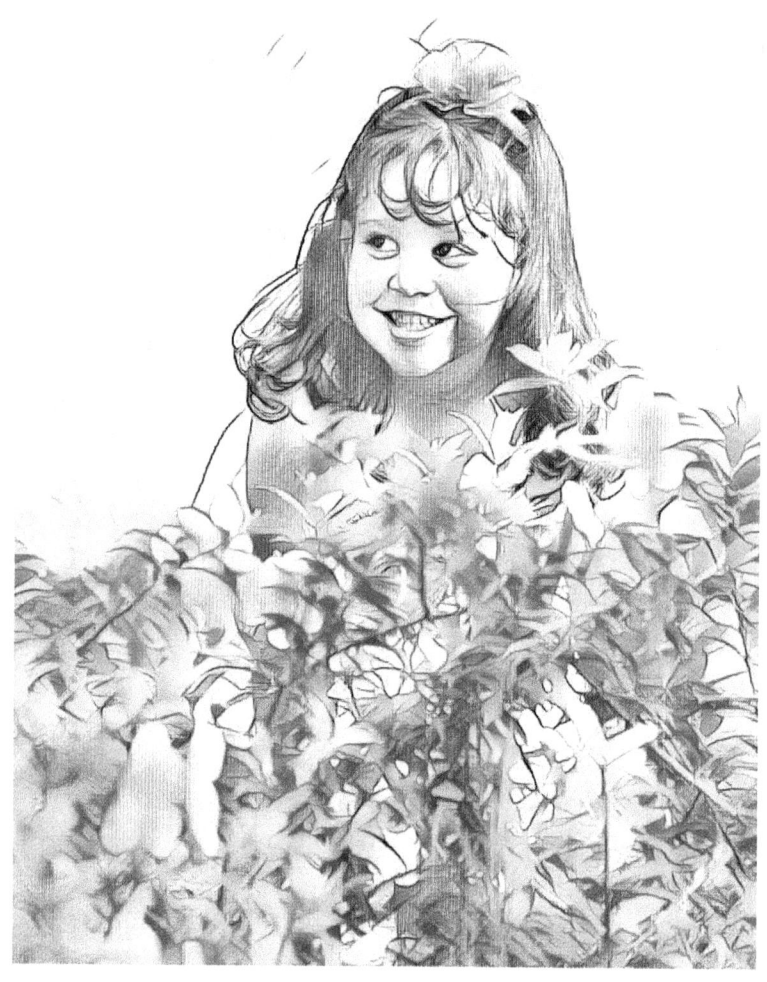

Esta chica intenta esconderse detrás de los arbustos y divertirse.

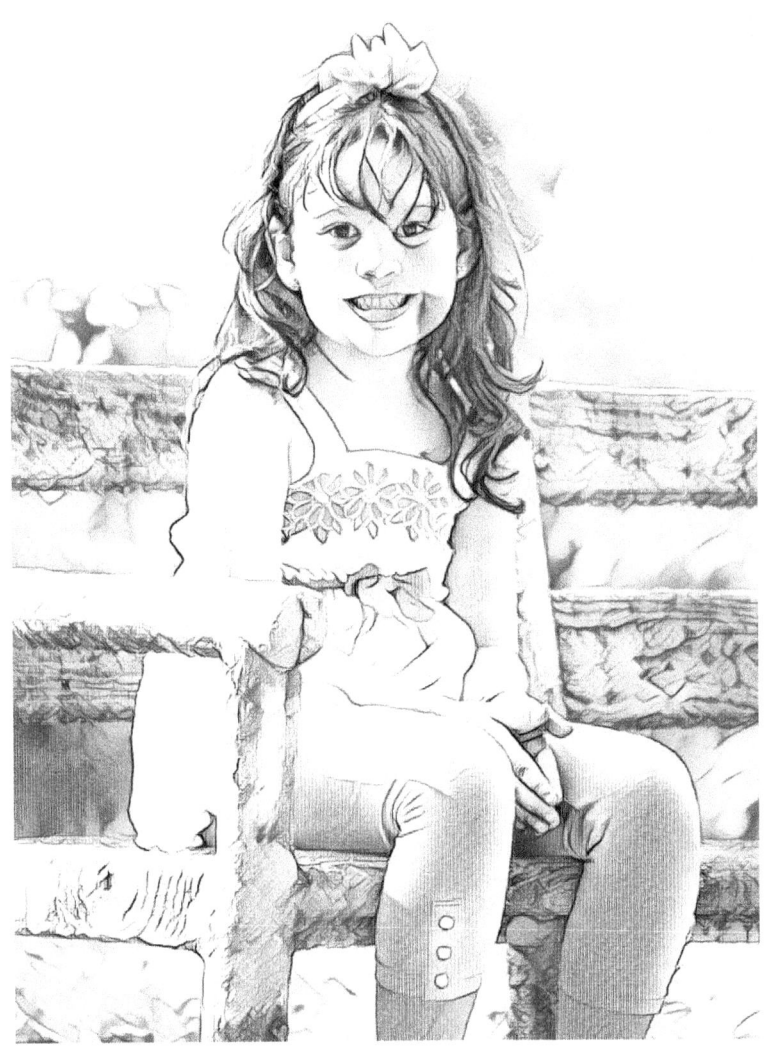

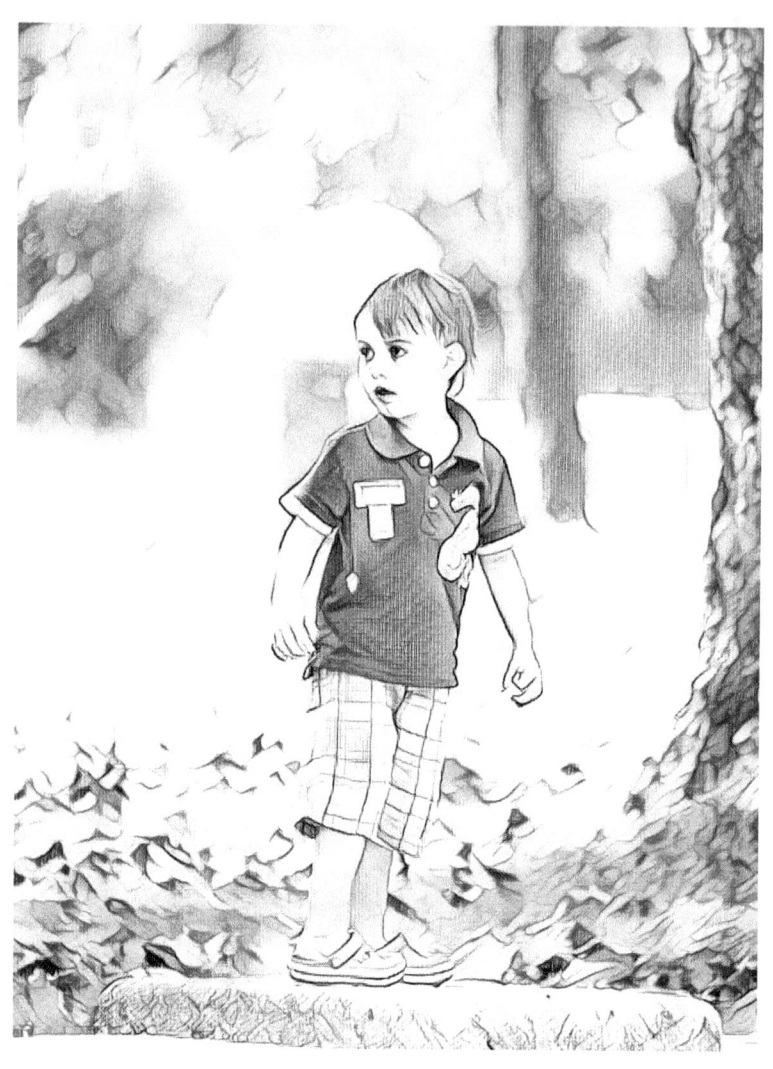

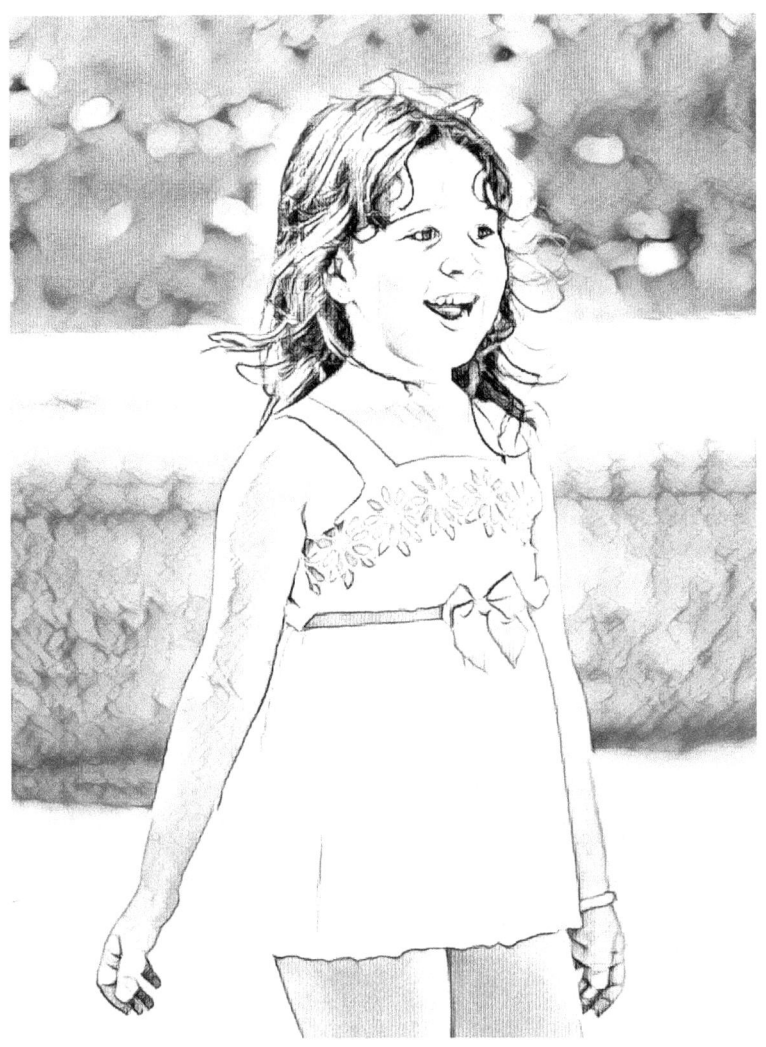

Cuando no posamos y dejamos que se diviertan podemos encontrar sonrisas naturales.

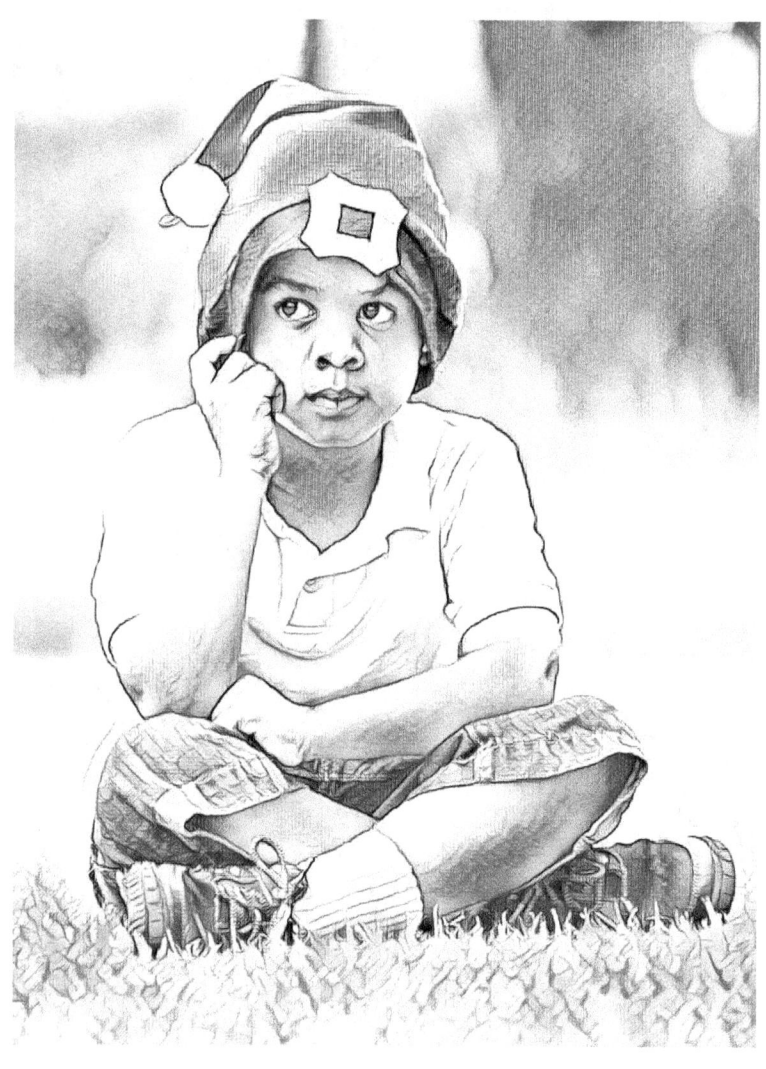

Puedes hacer poses sencillas sentando a los niños en el césped.

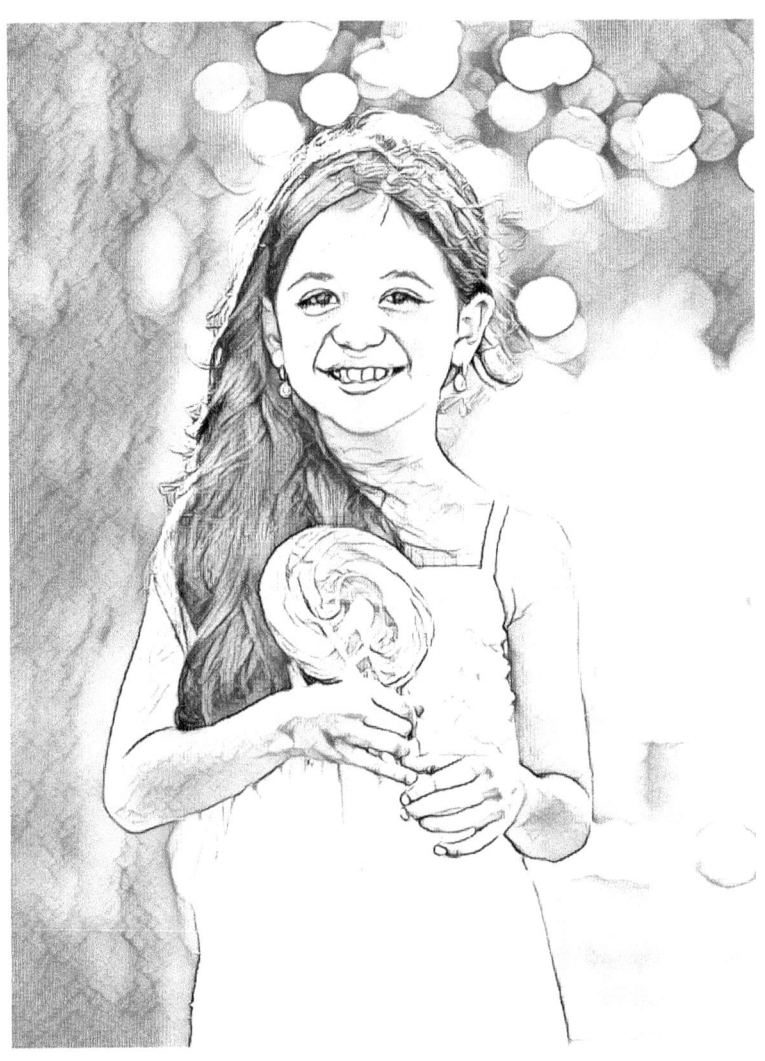

Cuanta más confianza gane en los niños a lo largo de la sesión, más sonrisas naturales conseguirá en ellos.

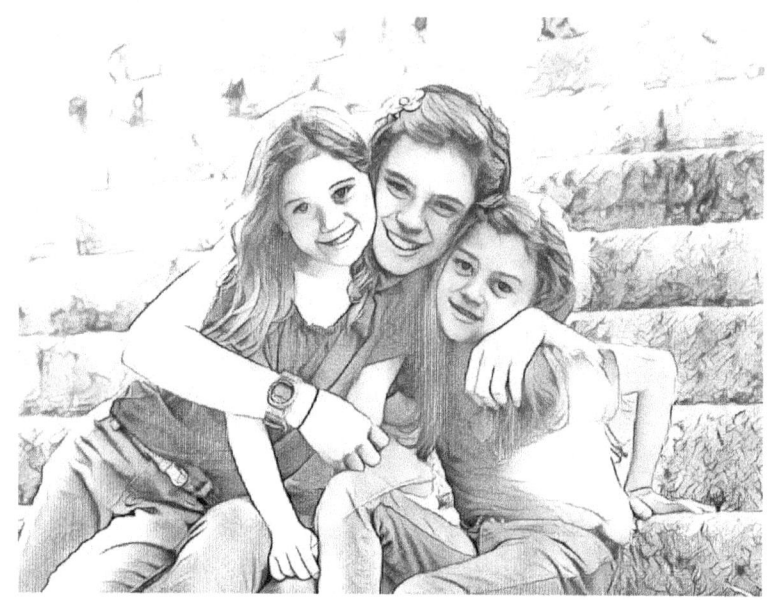

Un gran abrazo de parte de la hermana mayor. Estas chicas están sentadas en las escaleras.

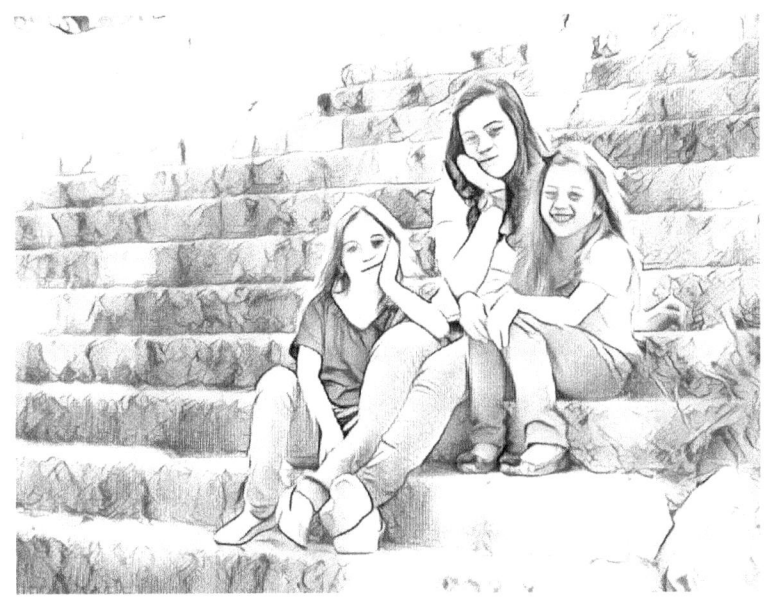

Postura sencilla pero divertida. Esta es una variación del dibujo anterior. Si tiene escaleras en el lugar de la sesión, úselas a su favor.

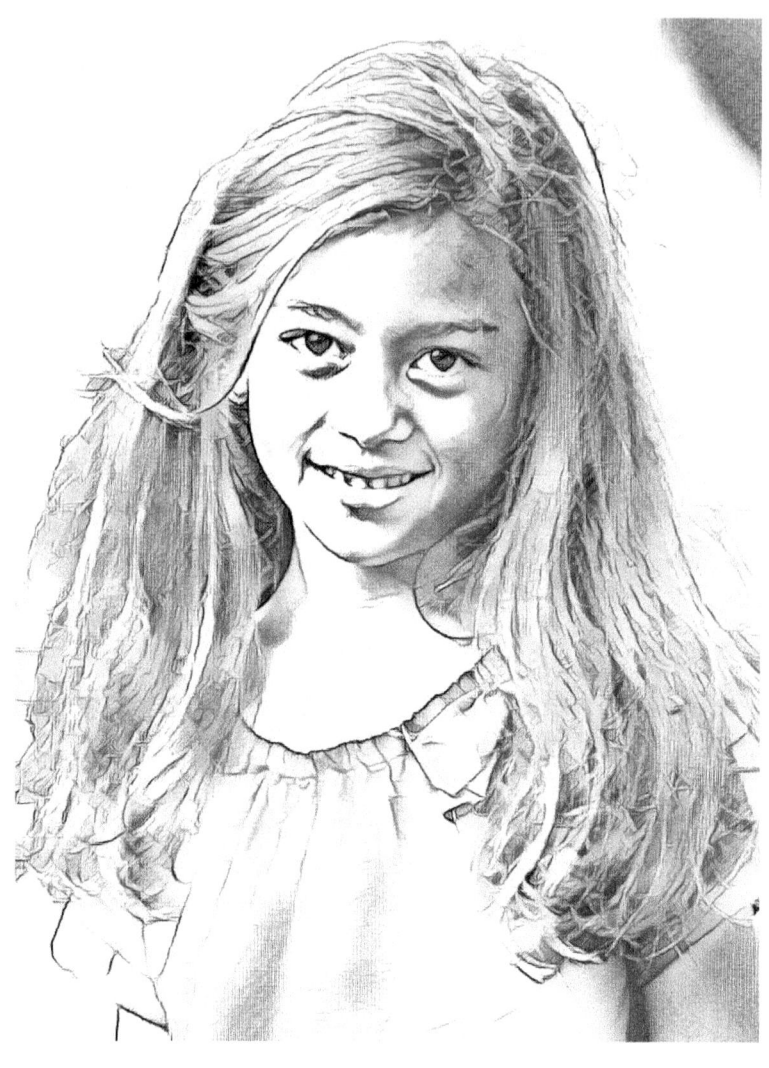

Los padres siempre apreciarán un bonito retrato, como el de este dibujo.

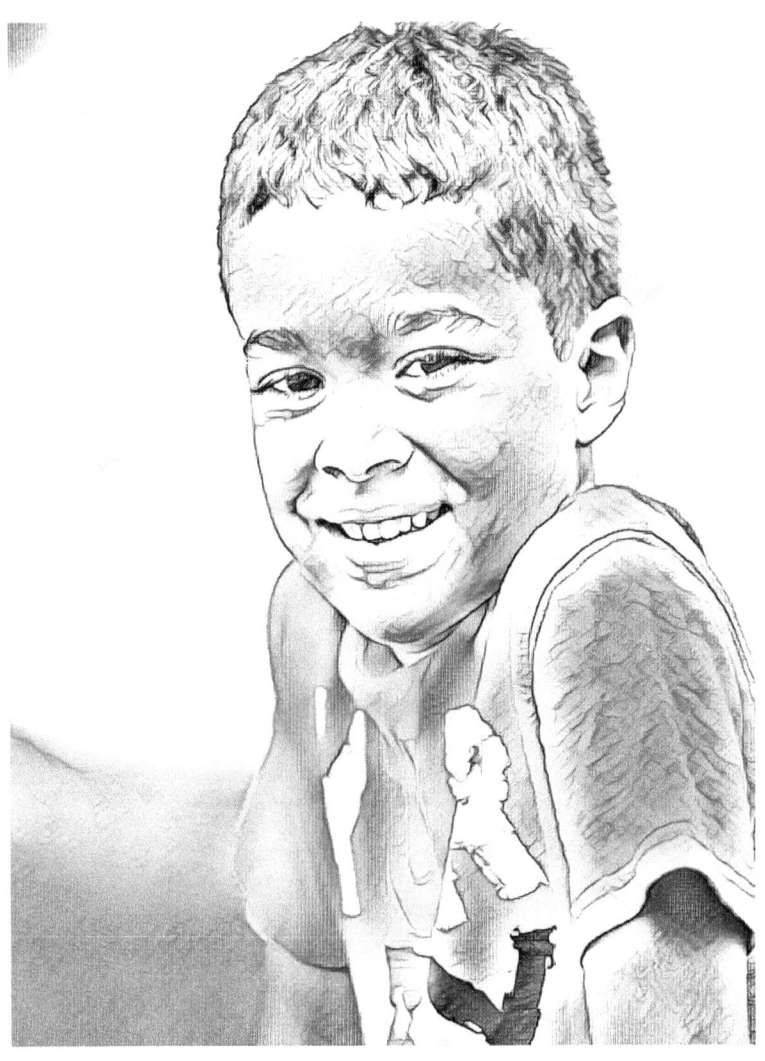

Este es un bonito retrato, como el de la página anterior.

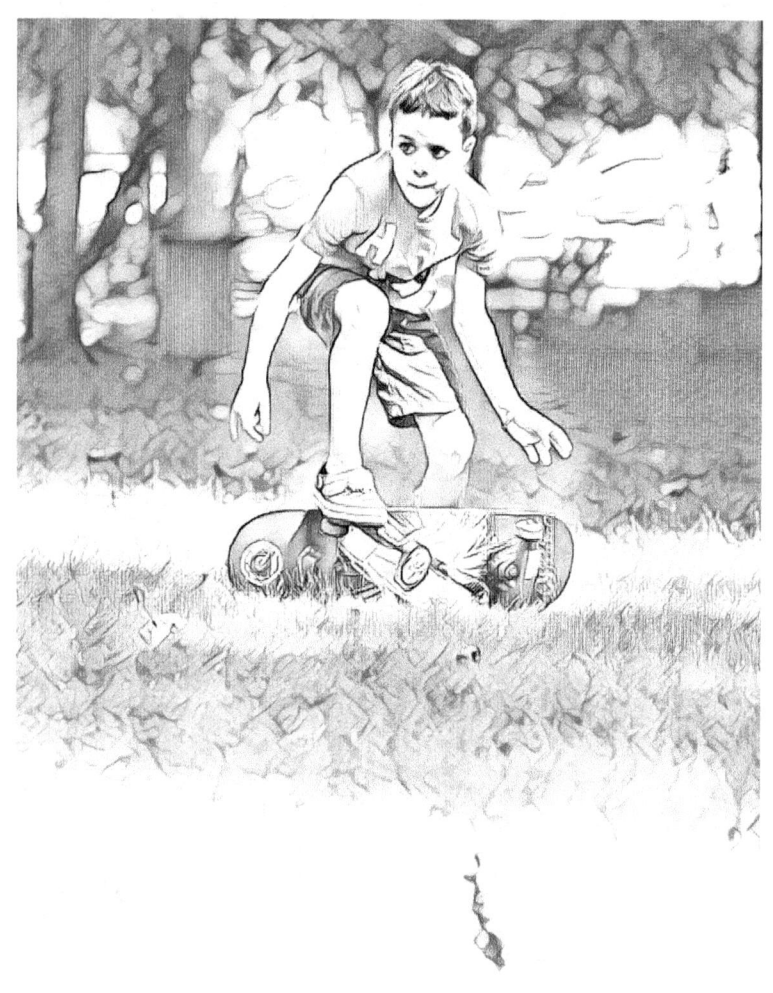

Esta es una bonita pose con una patineta.

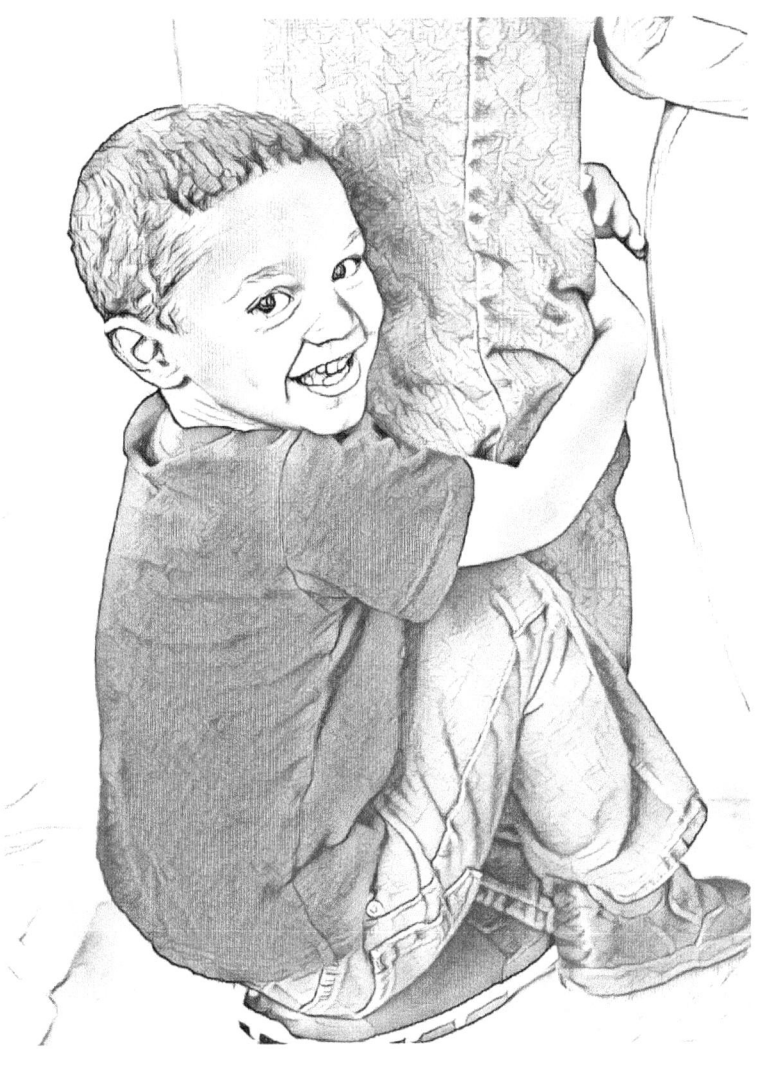

A los niños pequeños les gusta estar con
papá cuando hay un extraño en casa.
Aproveche siempre y toma la foto cuando la
expresión de la cara esté ahí.

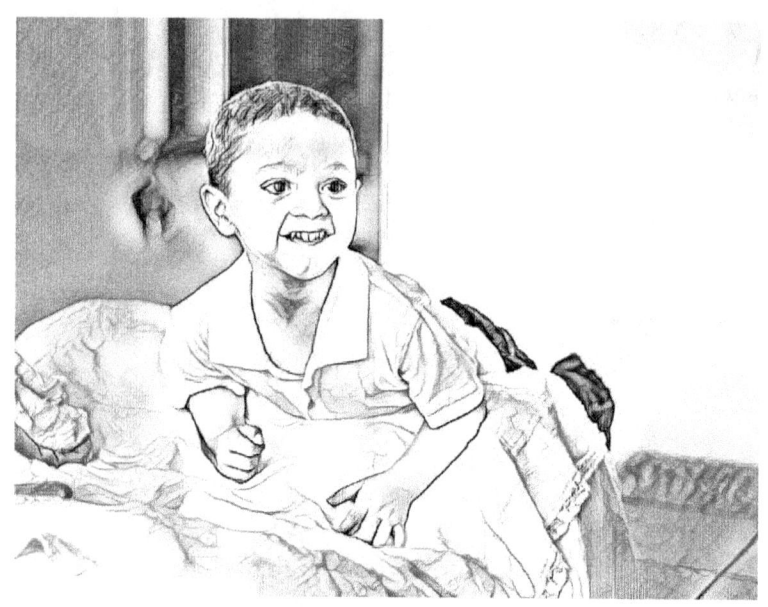

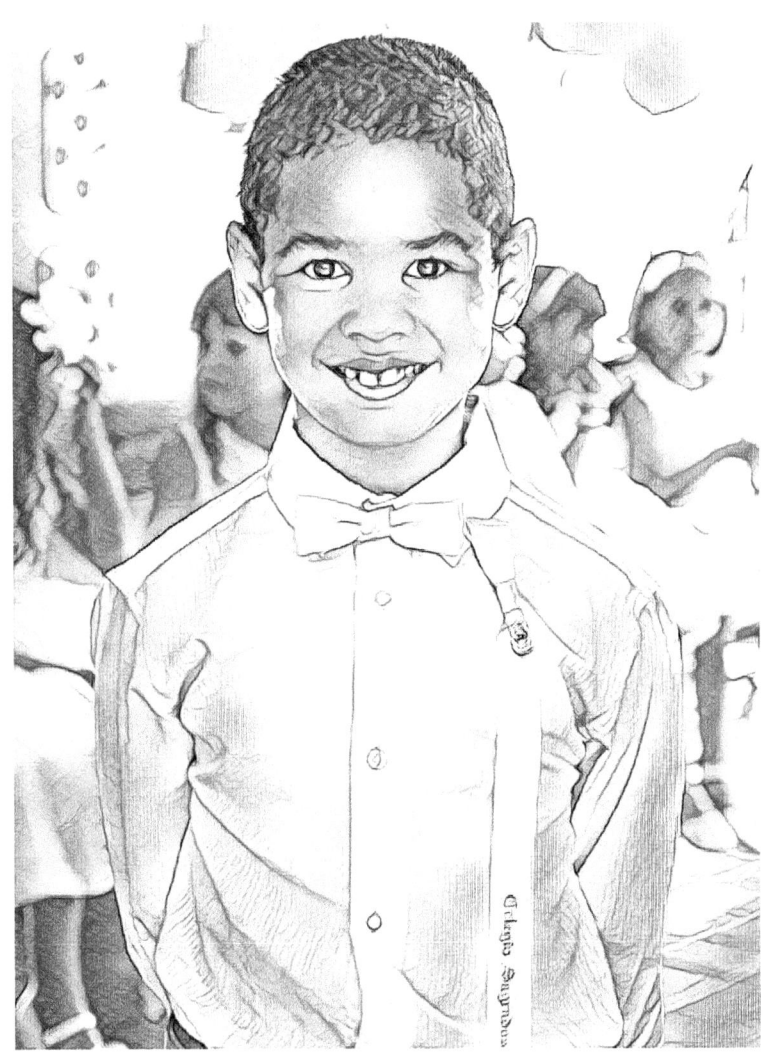

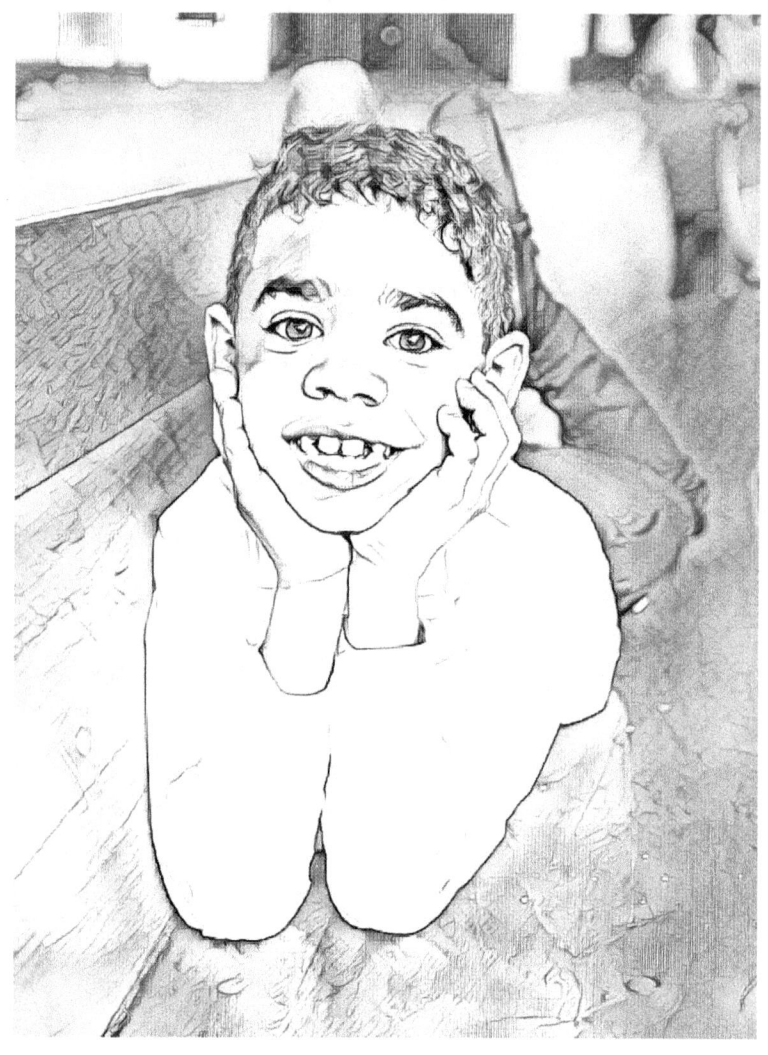

Esta es una bonita pose en el banco de una iglesia, con una expresión natural del niño.

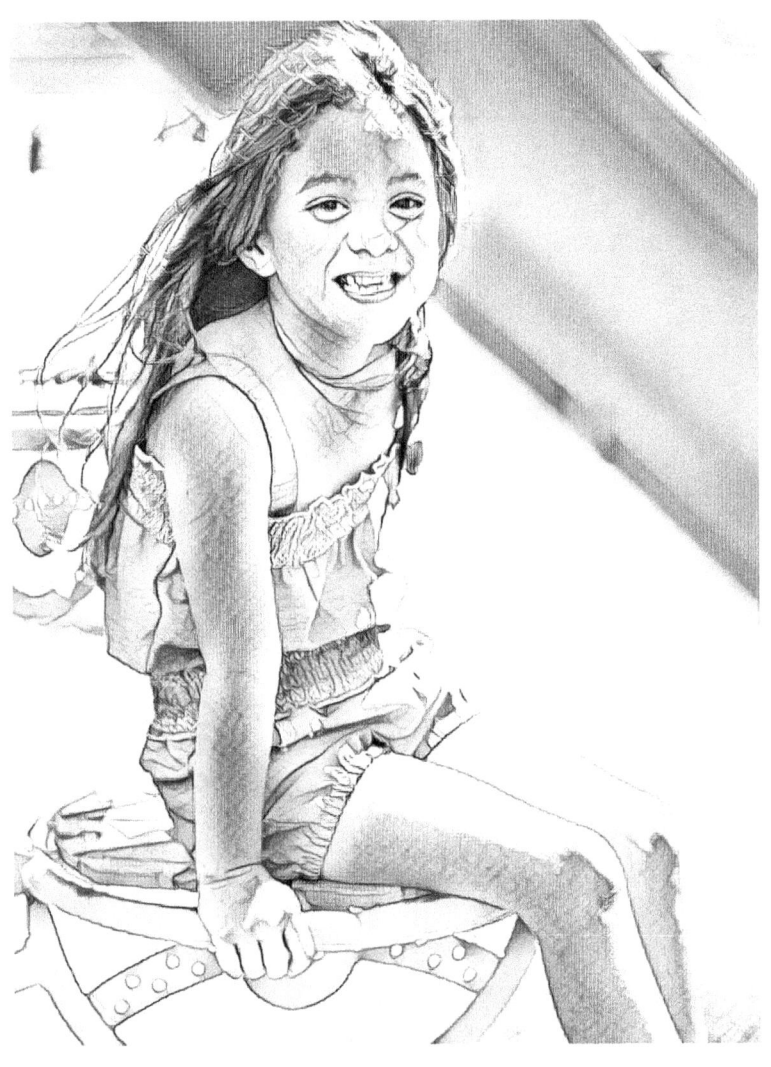

Deje que los niños jueguen en el parque. No todas las imágenes necesitan ser posadas por el fotógrafo. Cuando les deje divertirse, crearán sus propias poses.

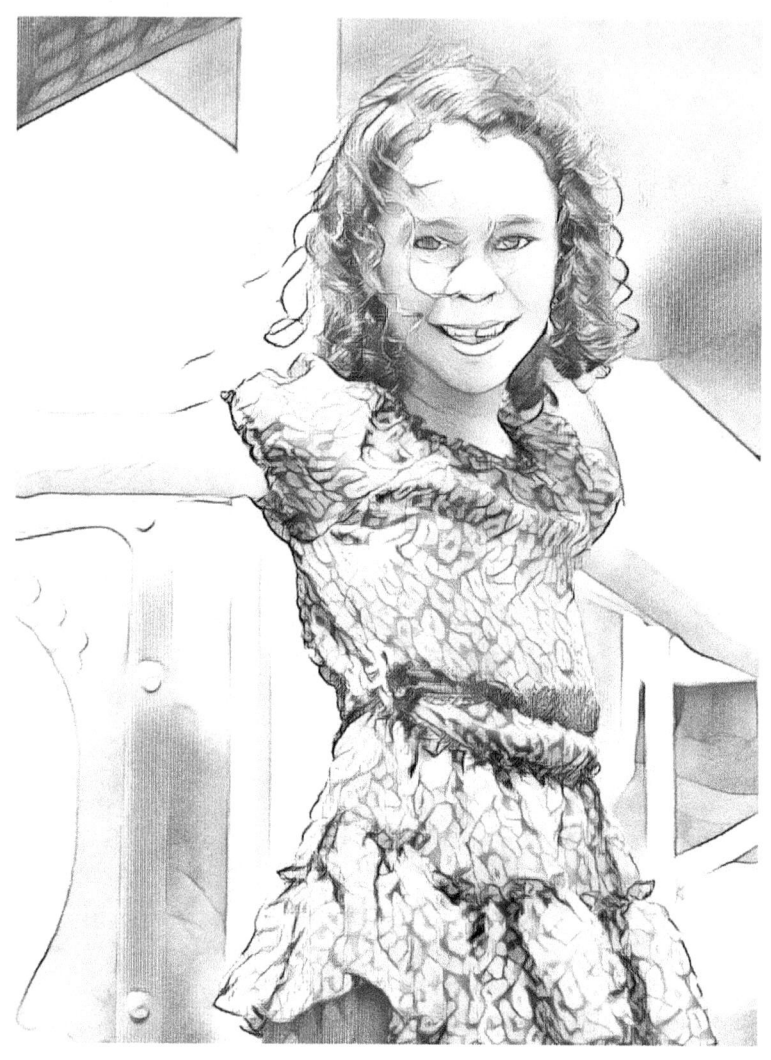

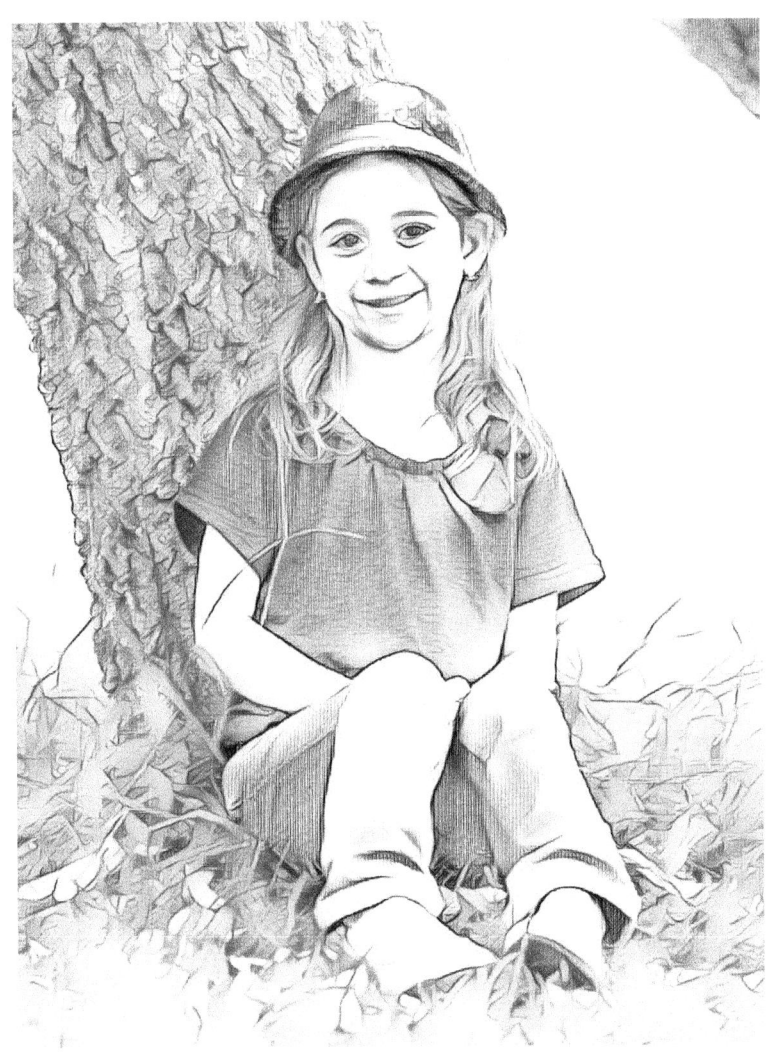

Pose sencilla. La niña está sentada en el suelo y apoyada en el árbol.

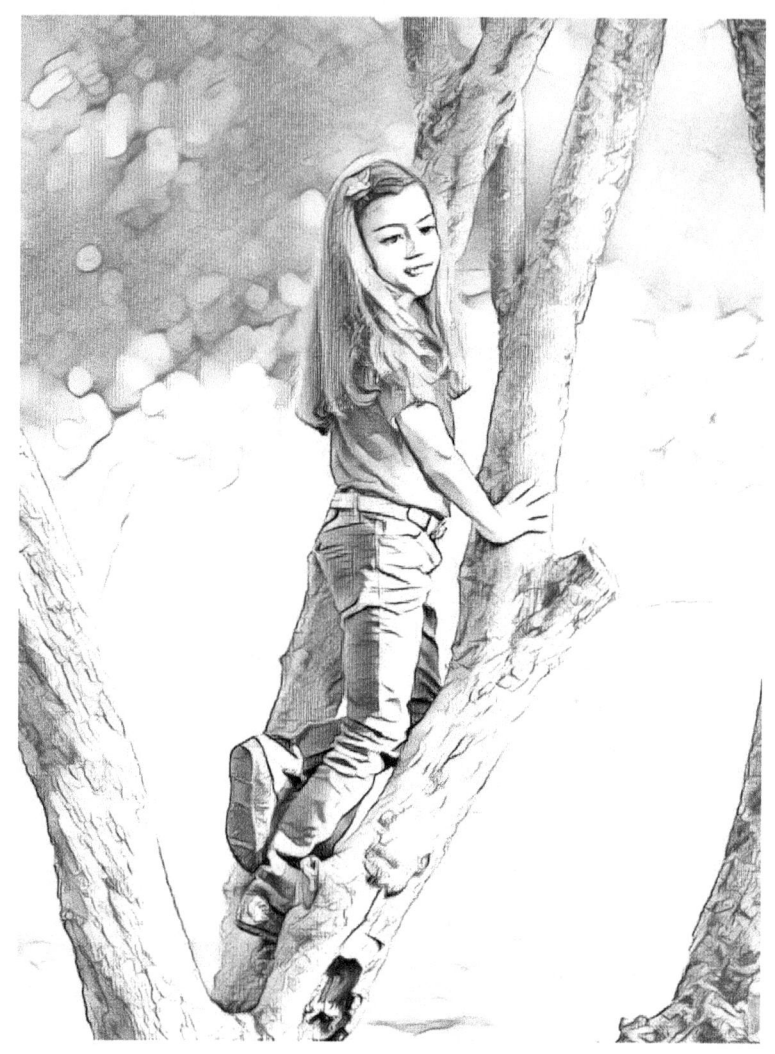

En esta pose la niña luce elegante trepando al árbol.

ADOLECENTES

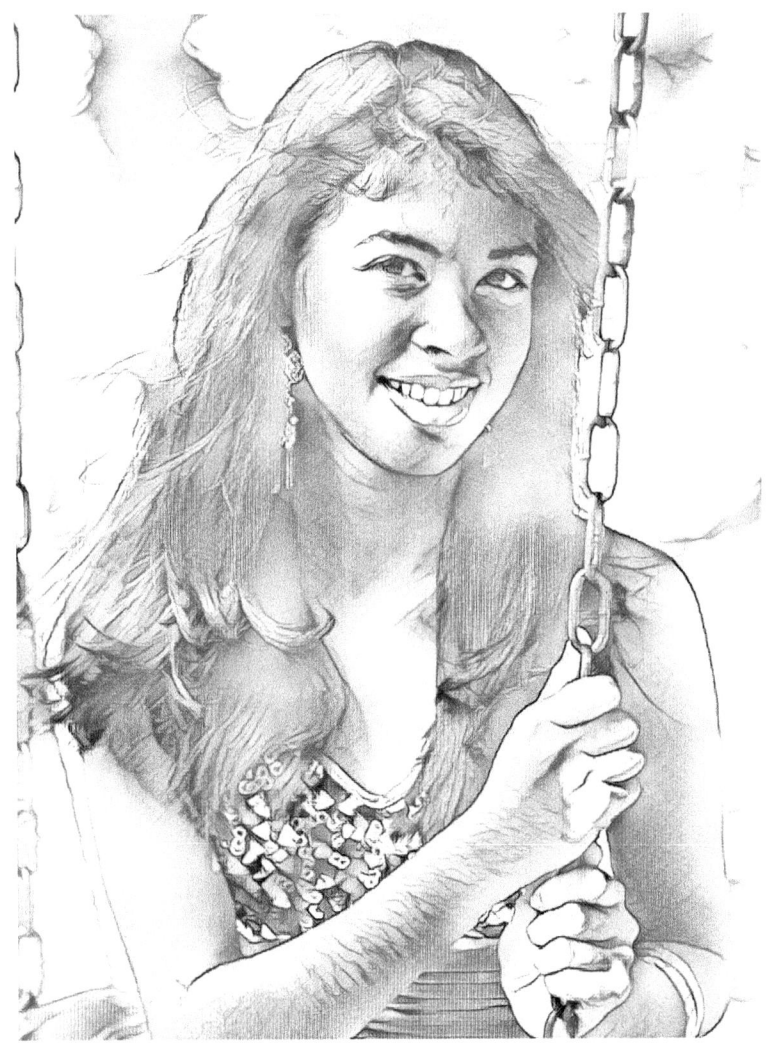

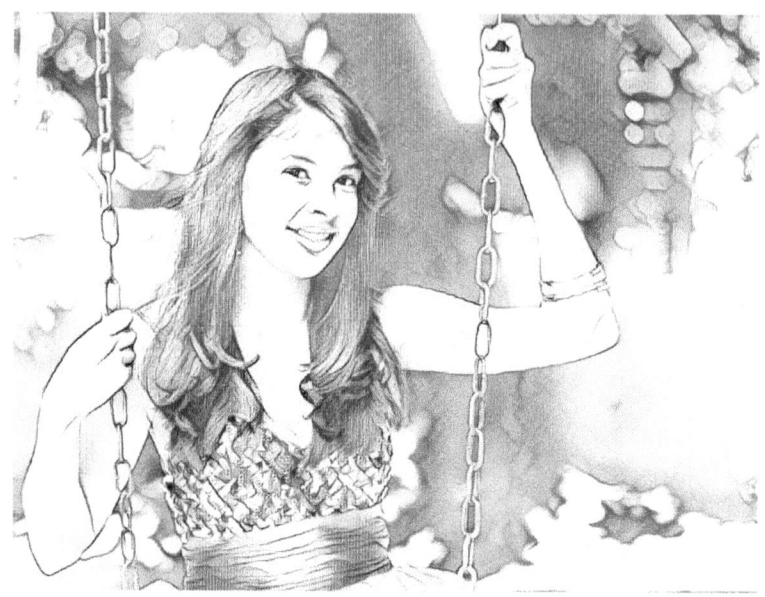

En este dibujo las manos están a diferentes alturas agarrando las cadenas. Esto hace que los brazos tengan líneas diferentes, creando una pose dinámica y asimétrica.

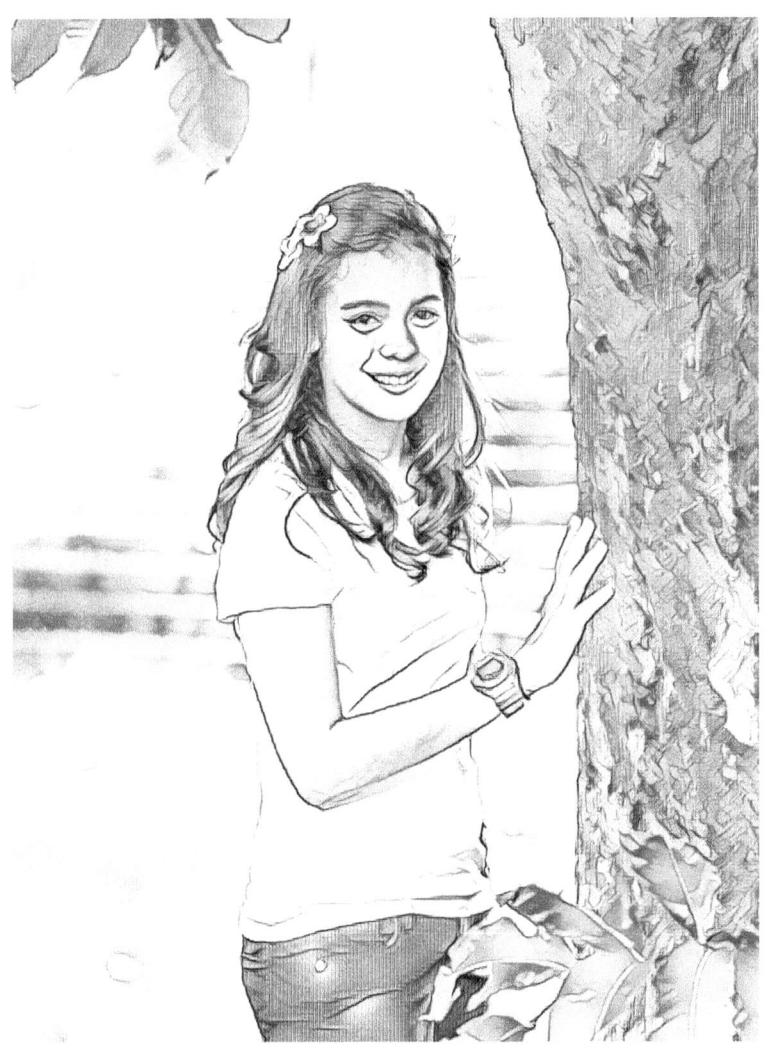

Posar cerca de un árbol puede quedar muy bien. Basta con colocar una mano apenas tocando el árbol con la punta de los dedos.

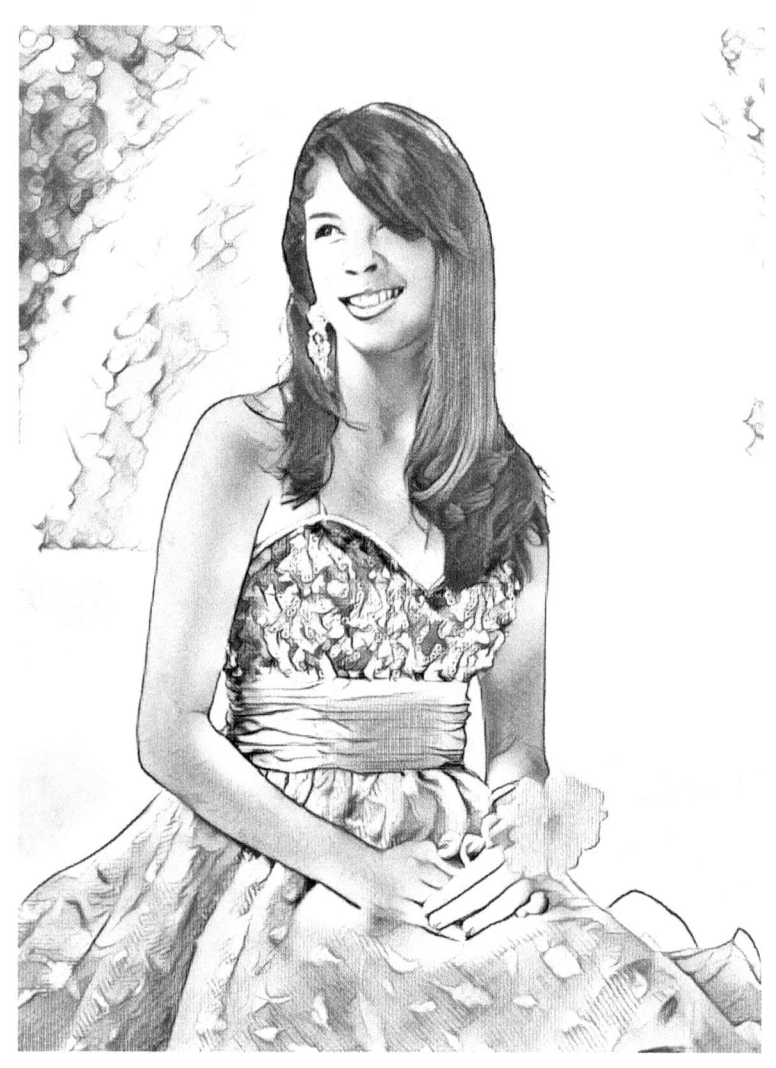

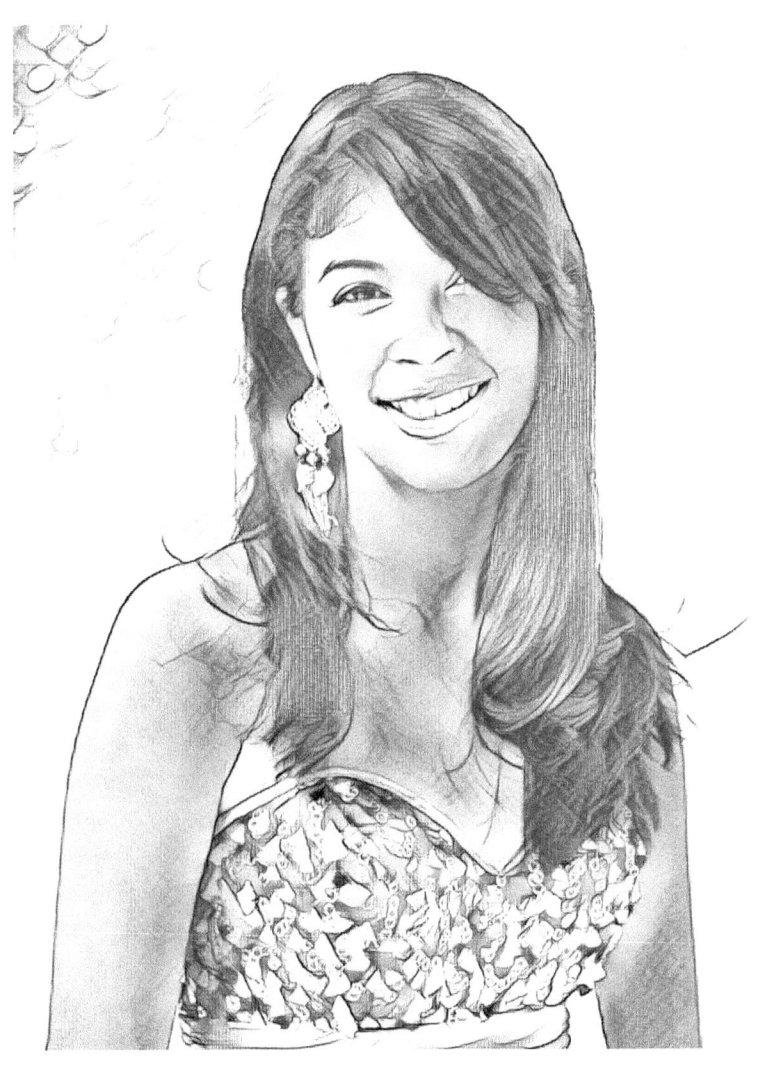

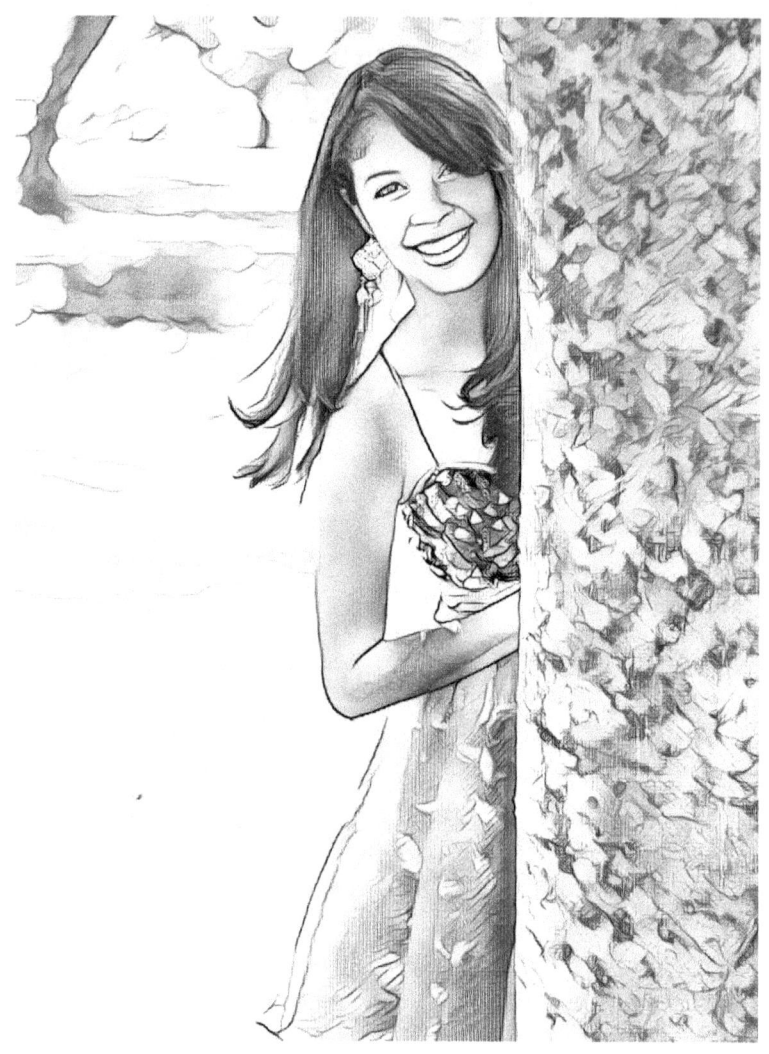

Esta chica parece estar escondida detrás del árbol.

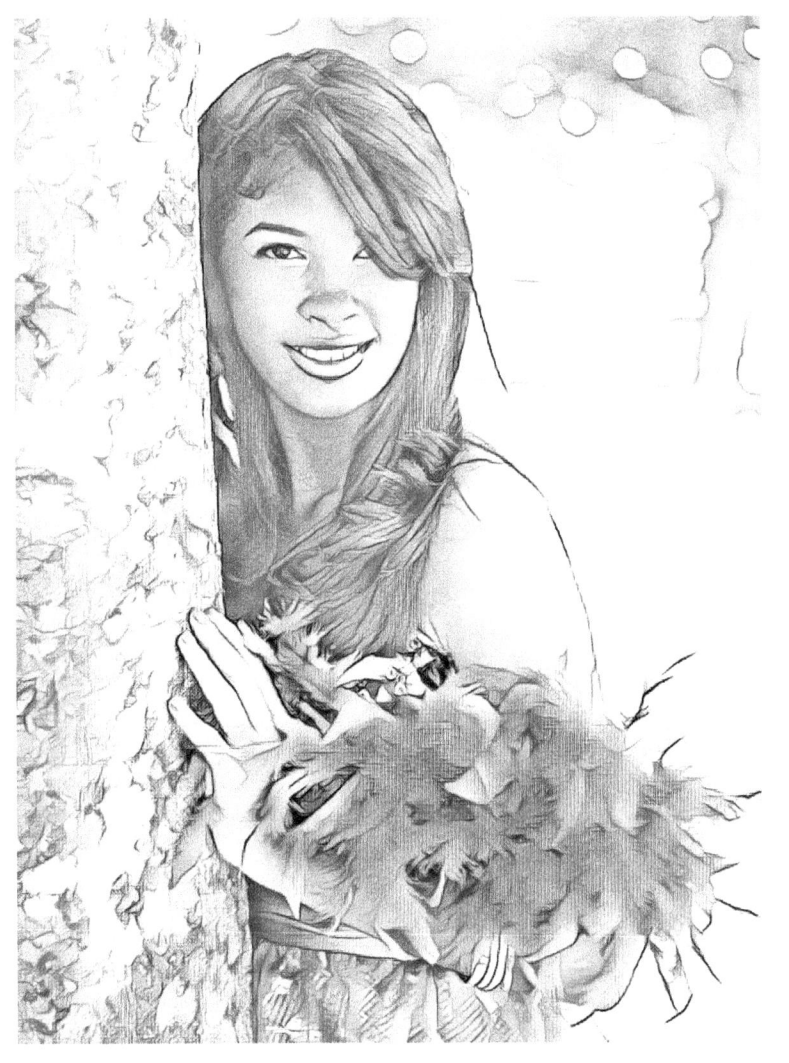

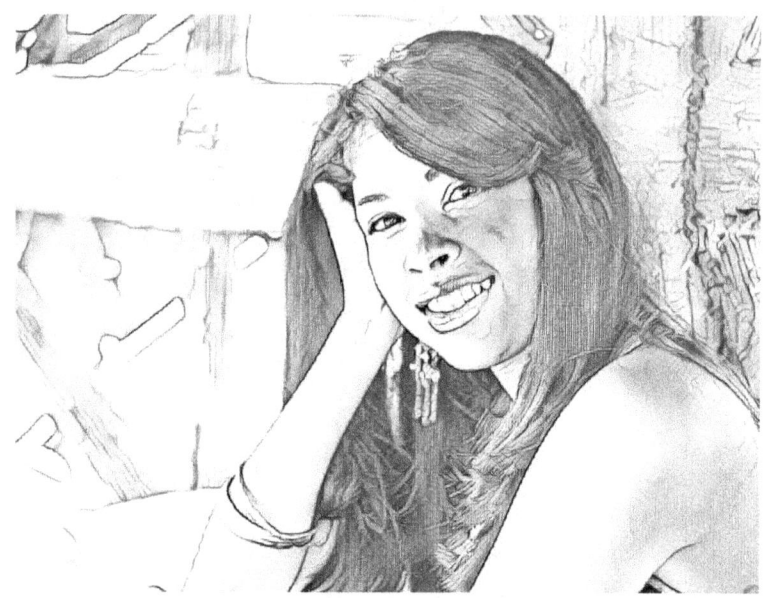

En este dibujo hay una bonita colocación de los brazos y la mano derecha.

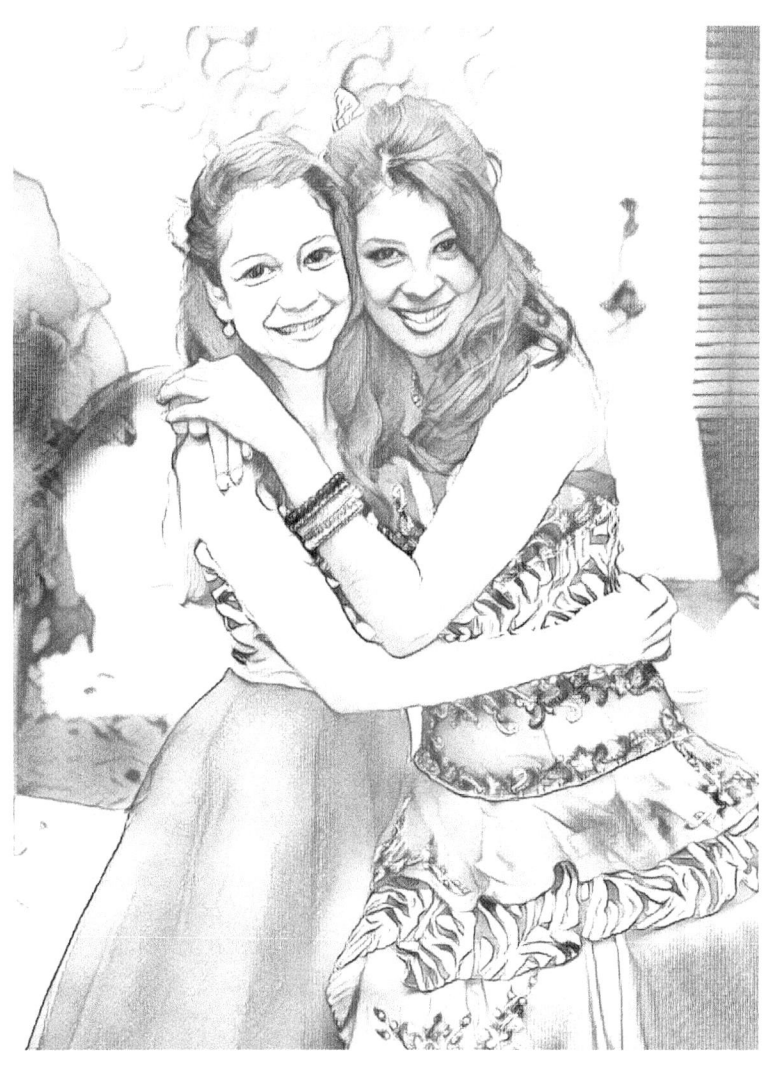

Simple abrazo de dos amigas.

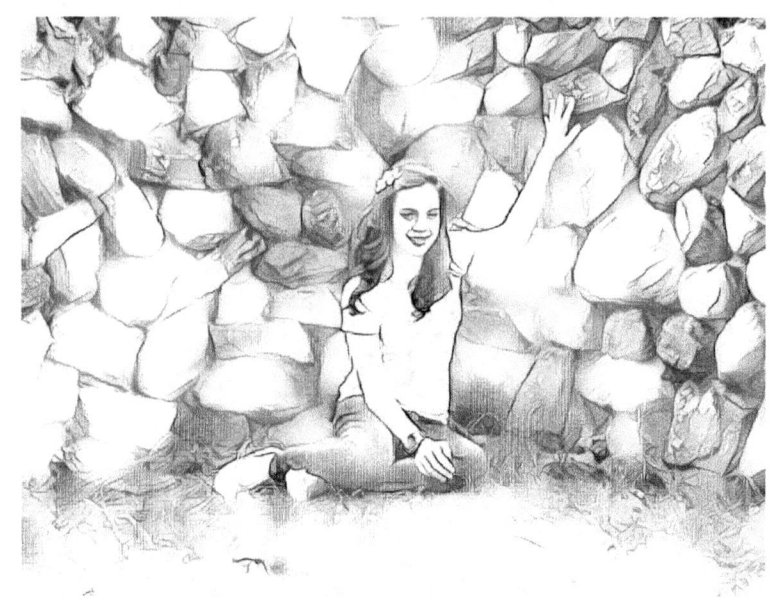

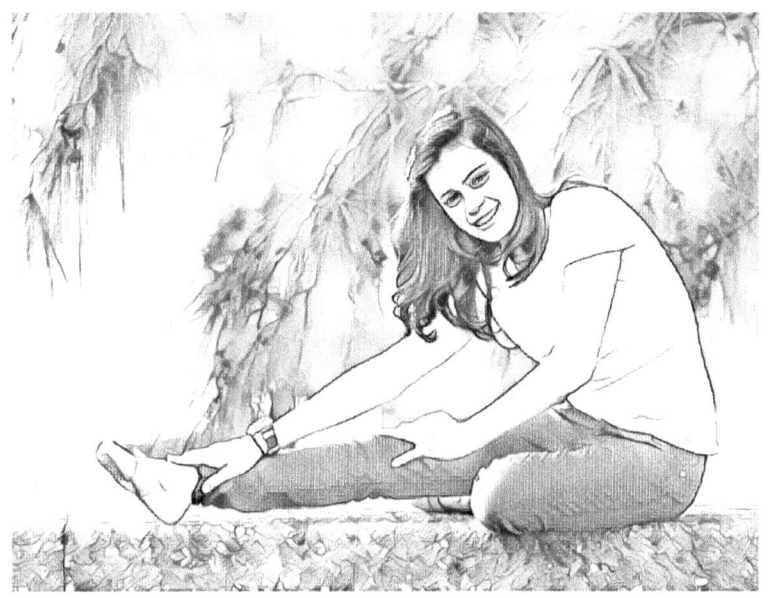

Postura sencilla. La joven está estirando la pierna.

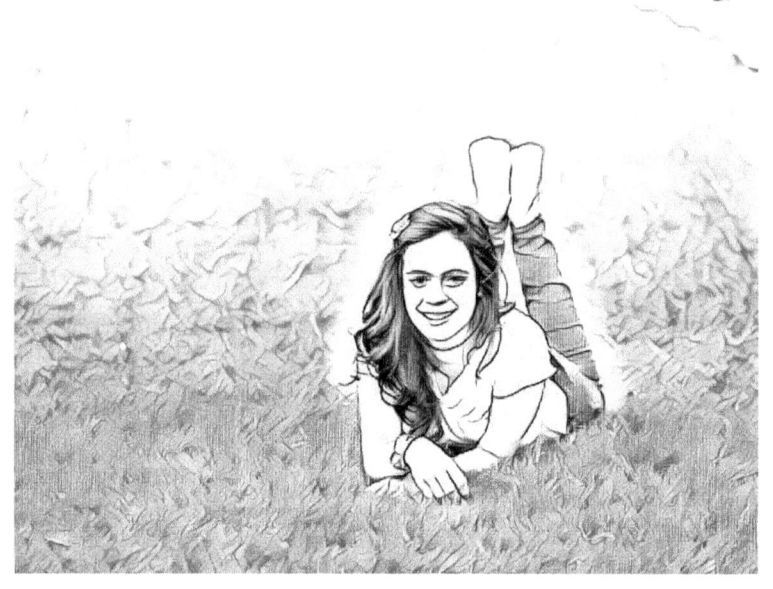

Esta es una hermosa pose. La niña yace en el suelo. Mire de cerca sus piernas. Sus pies están hacia arriba. Sus manos parecen relajadas.

FAMILIAS

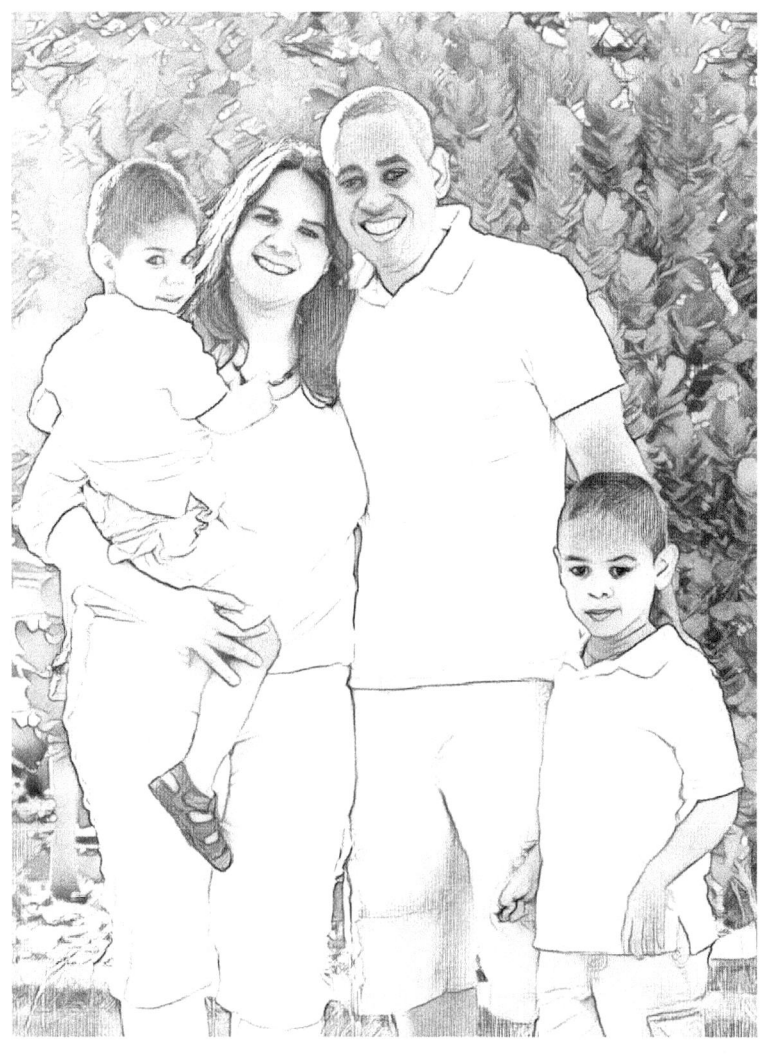

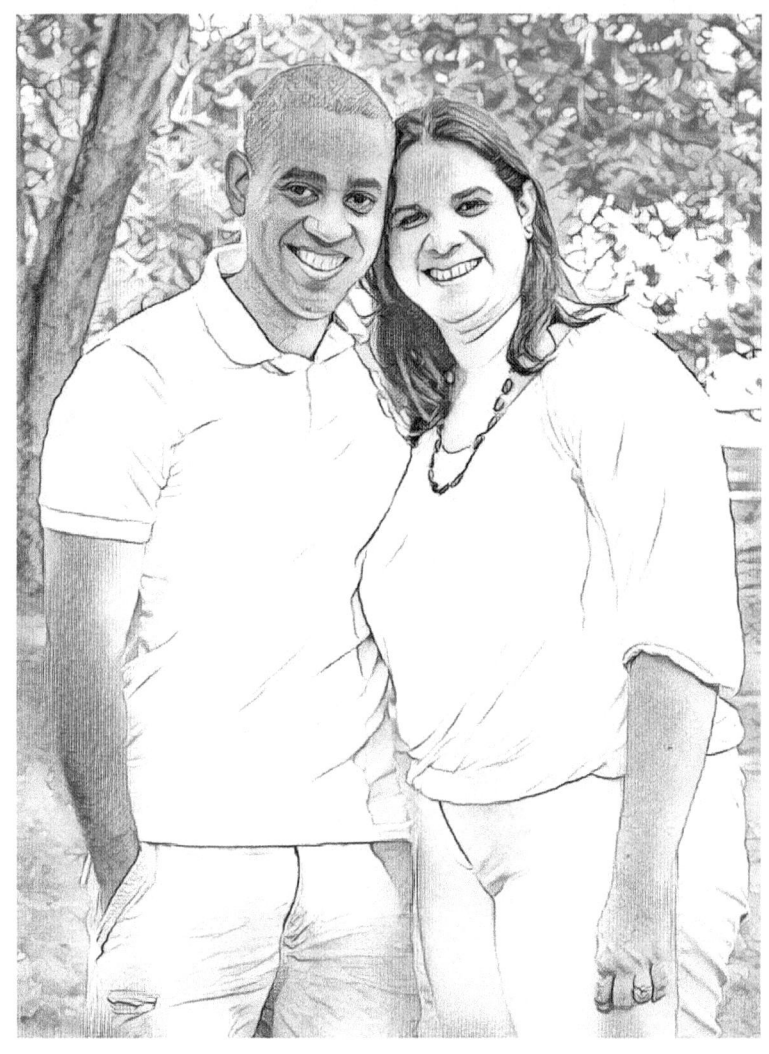

A veces solo mamá y papá. Mira la mano derecha de papá dentro del bolsillo. A veces, esconder las manos en los bolsillos ayudará a crear distintas posturas.

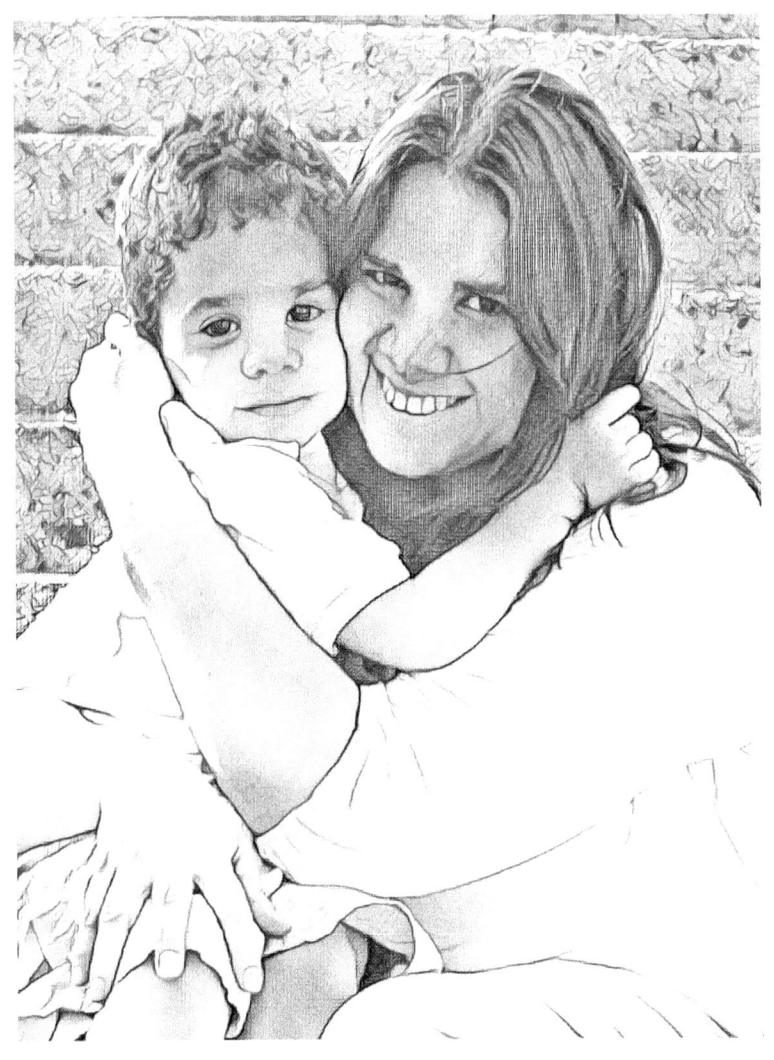

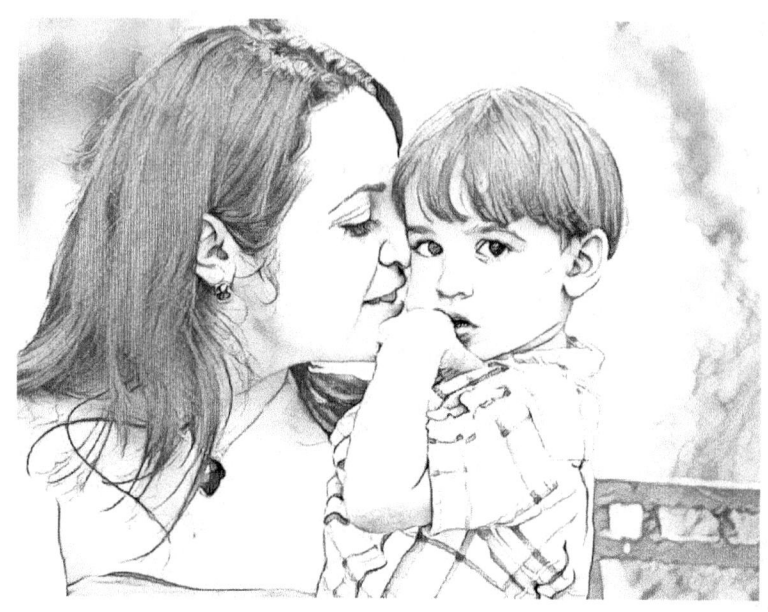

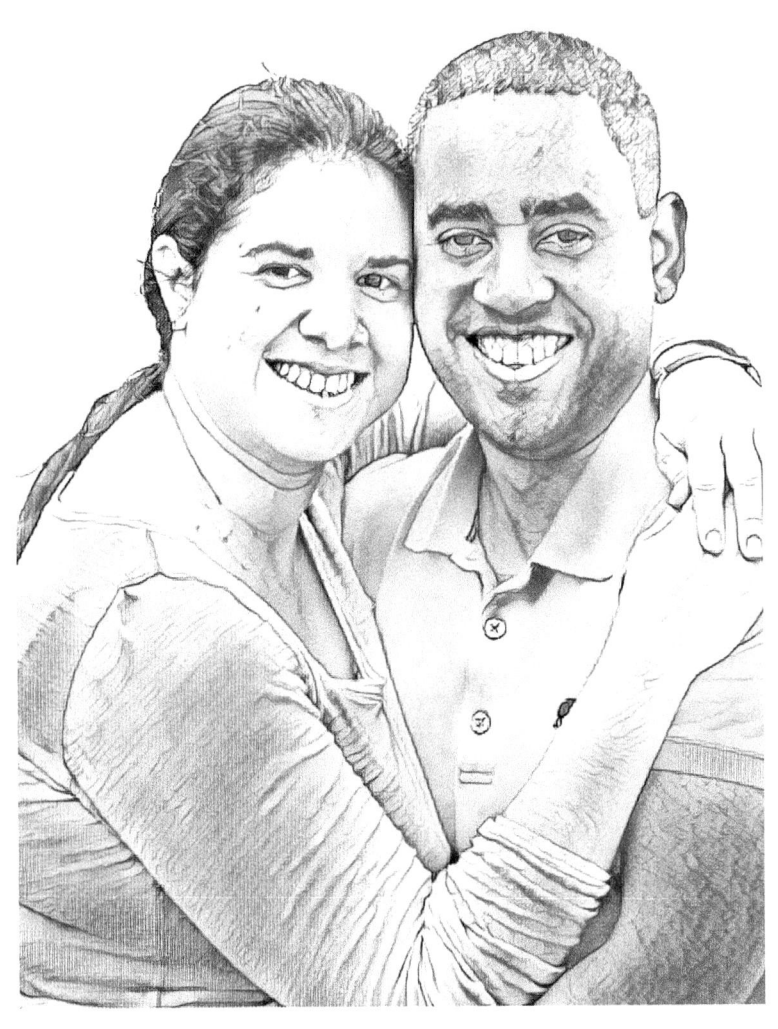

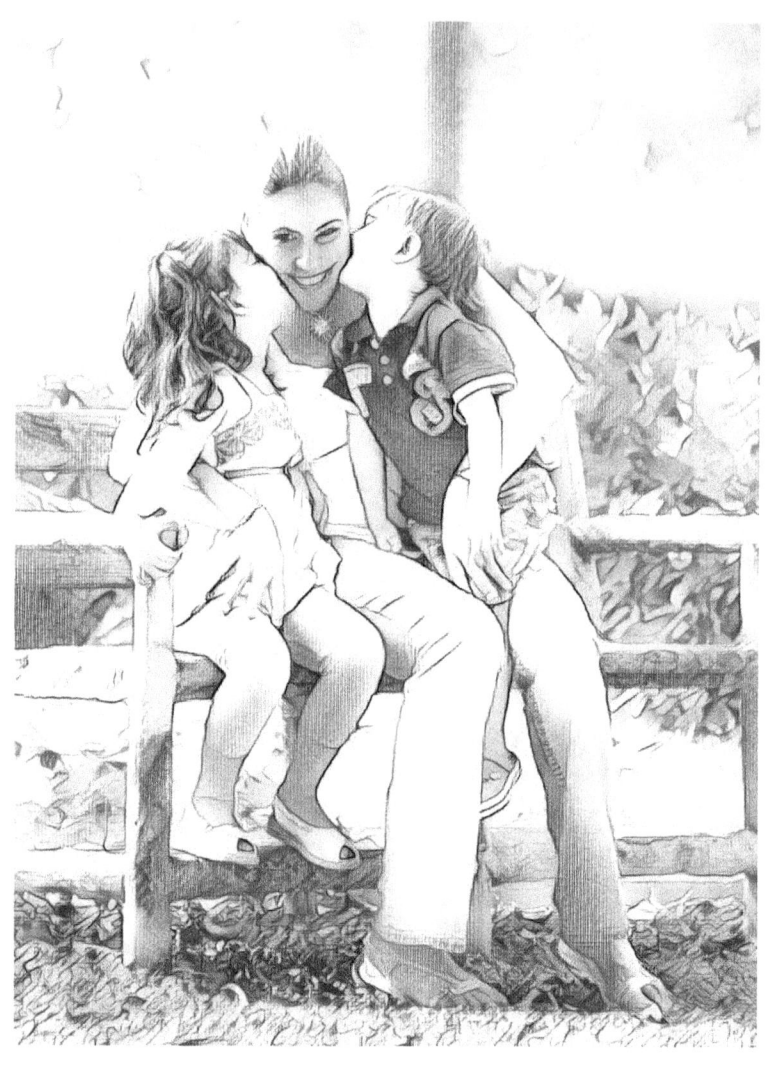

Los niños besando a mamá mientras estan
sentados en el banco.

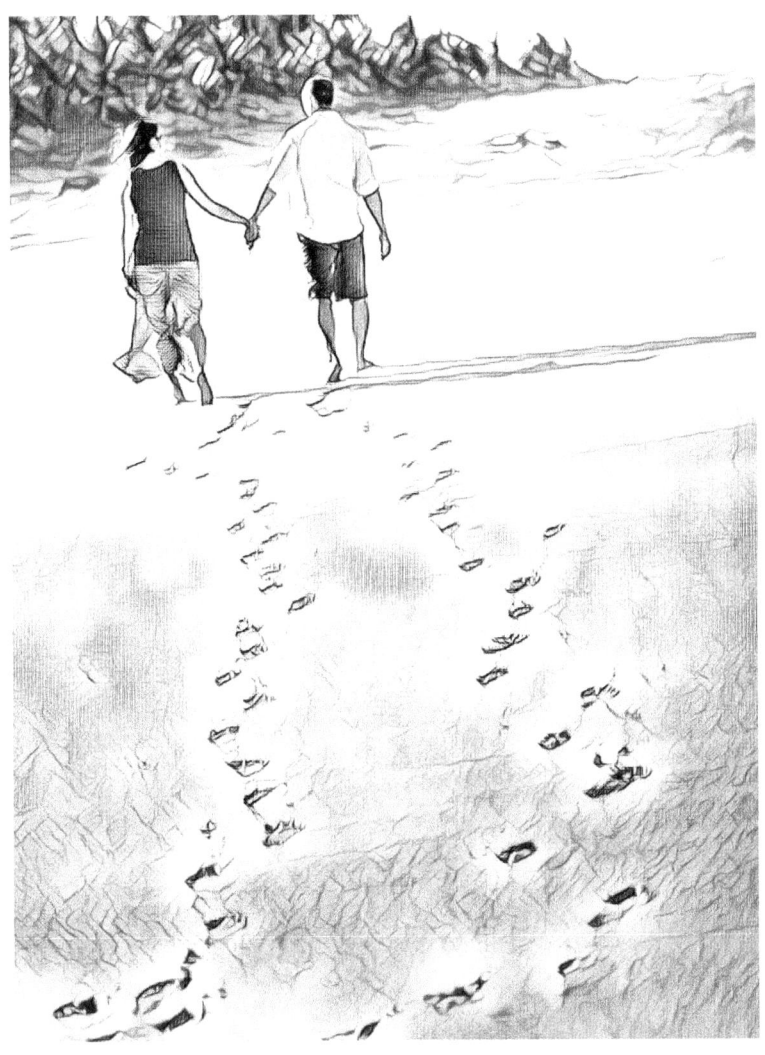

Cuando tengas una pareja en la playa, digale siempre que den un paseo en algún momento de la sesión. Luego tome varias fotografías.

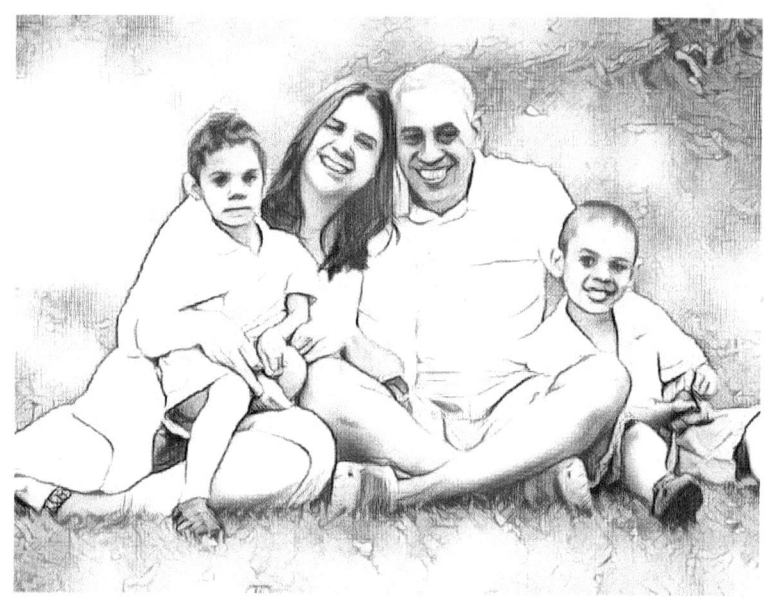

Esta es una pose de una familia sentada en el césped.

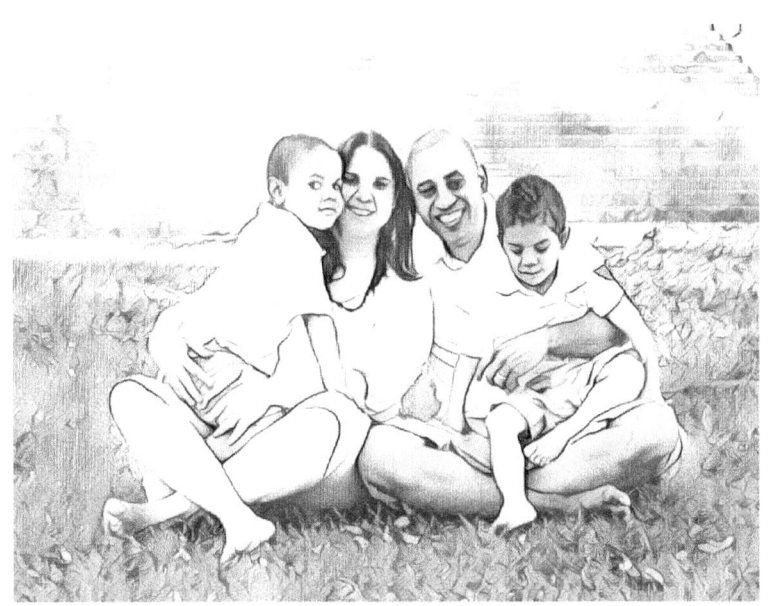

Al estar sentados, estar descalzo puede ser divertido.

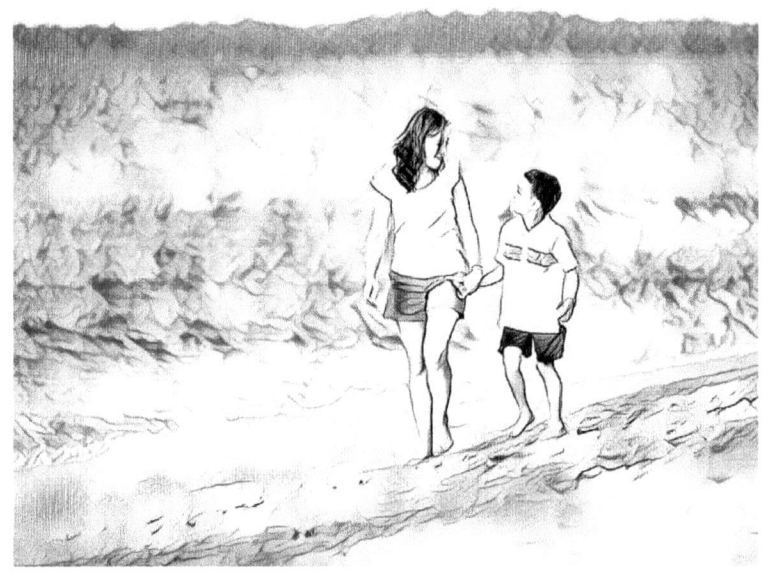

Mamá e hijo, caminando por la playa y mirándose.

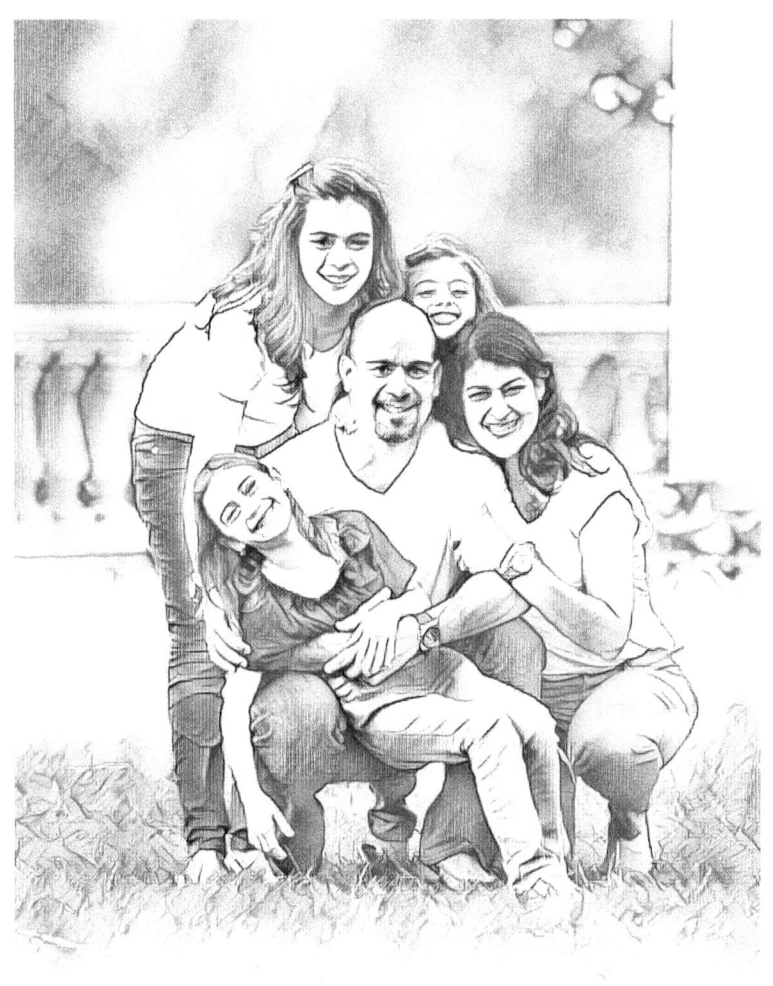

A veces la familia quiere hacer su propia pose. Simplemente déjelos divertirse y tome la foto.

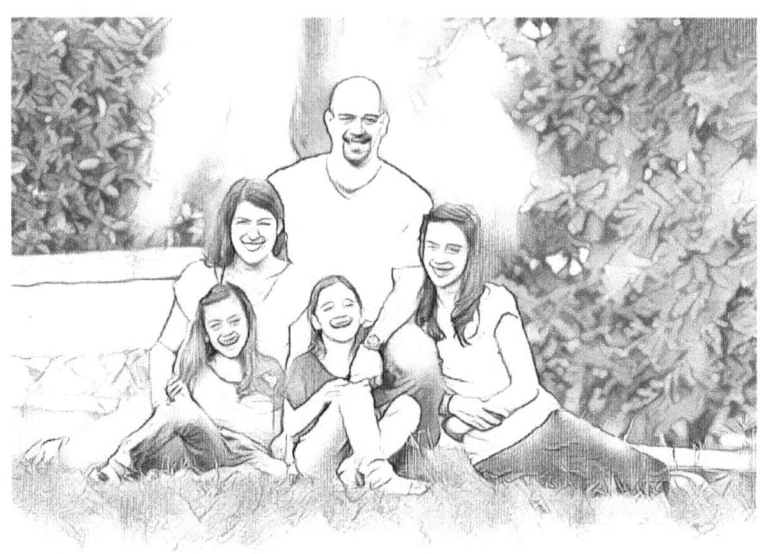

Al posar una familia de tres o más, trate de lograr siempre una forma de triángulo, como la pose de este dibujo. Al crear este tipo de posturas recuerde siempre que los brazos, manos y piernas deben verse relajados.

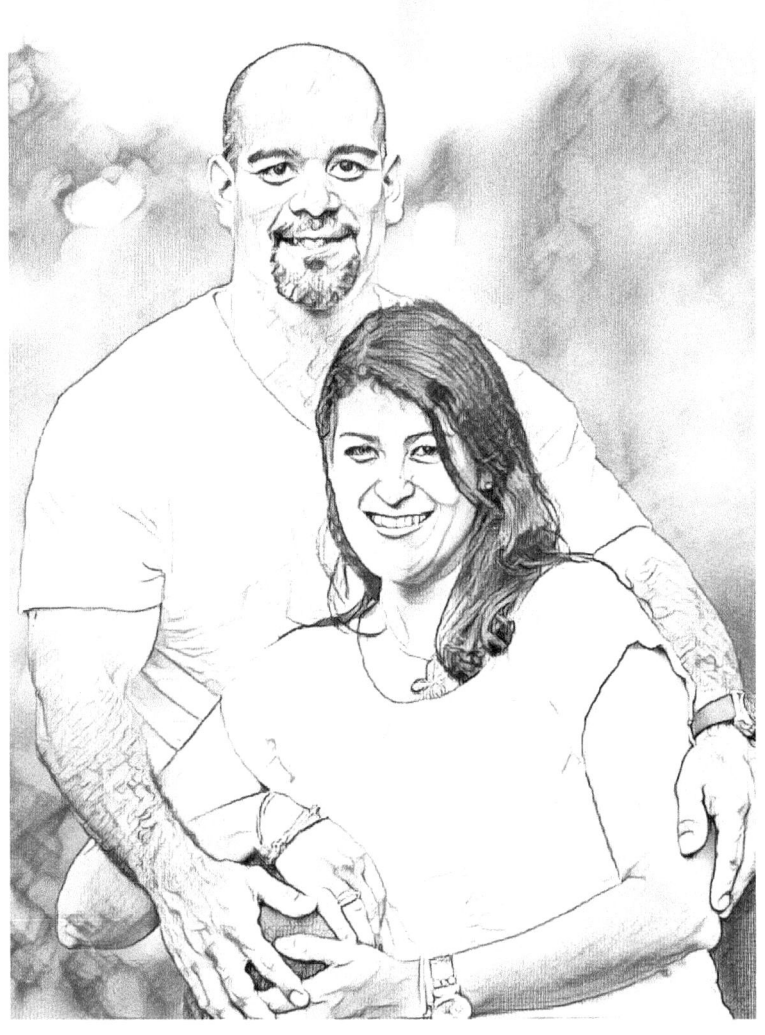

En este dibujo, la colocación de los sujetos en diferentes niveles lo hace dinámico. Los brazos y las manos lucen naturales y cómodos.

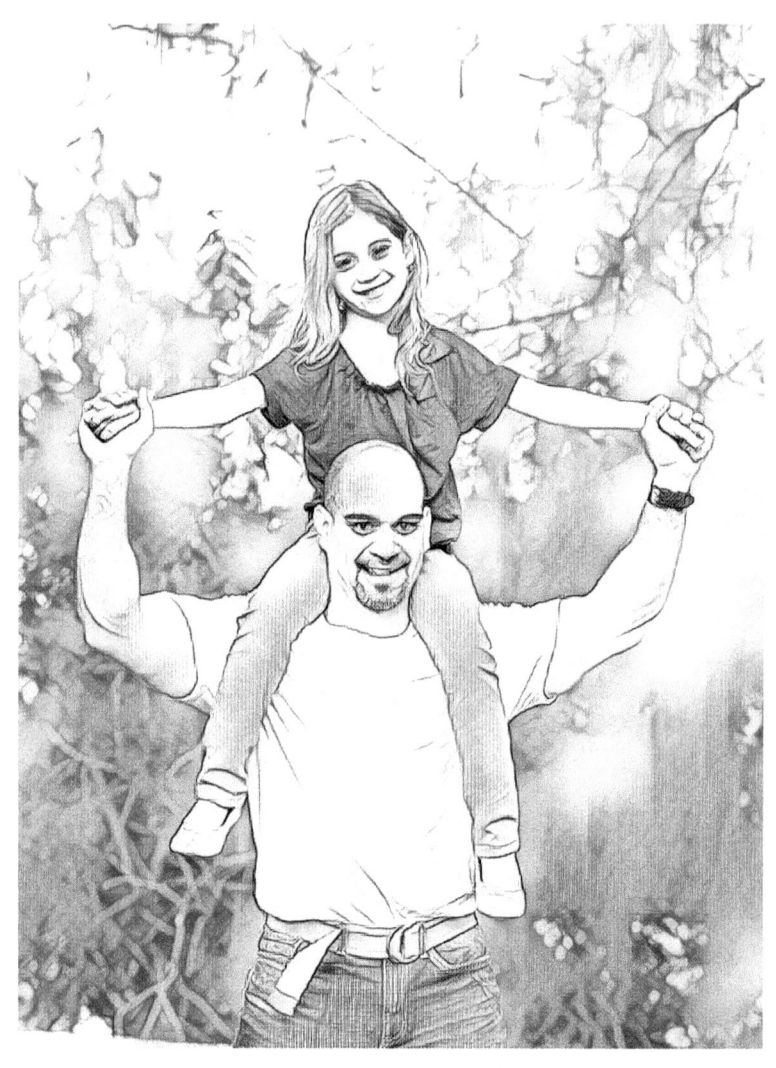

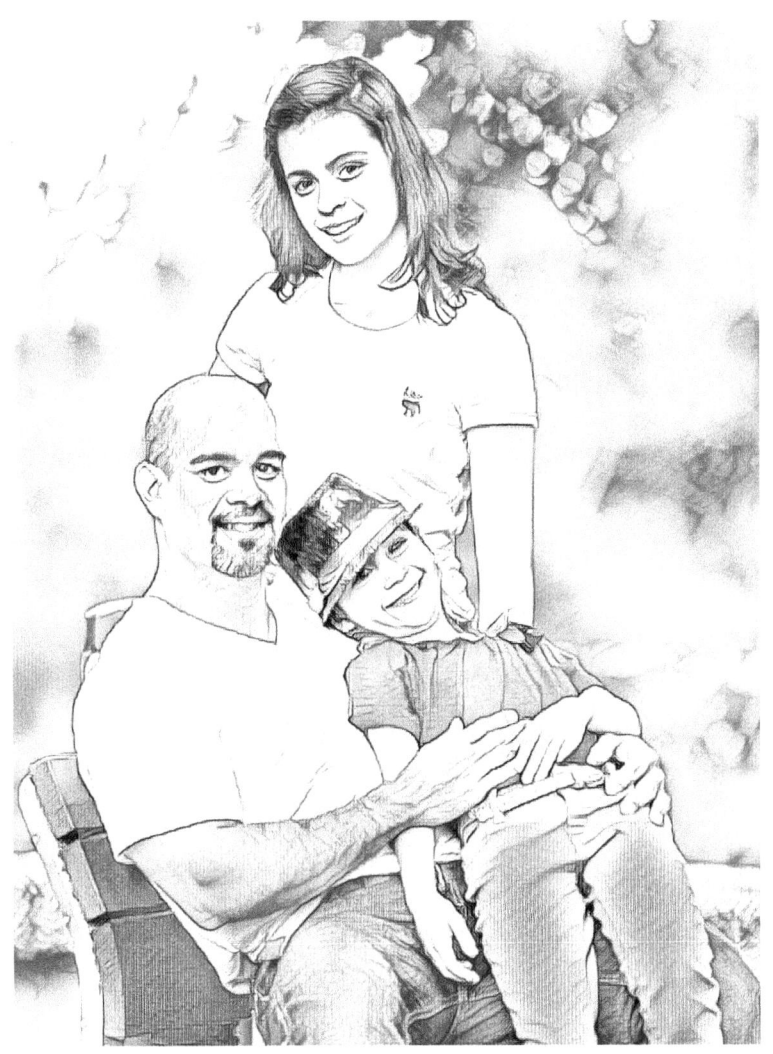

Aquí tenemos nuevamente la forma del triángulo. El triángulo se logró sentando a dos sujetos y dejando que uno se pusiera de pie.

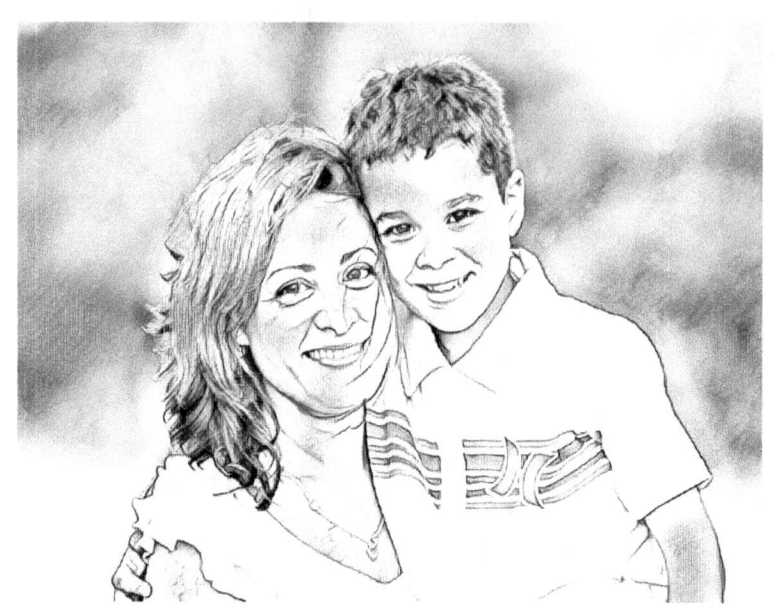

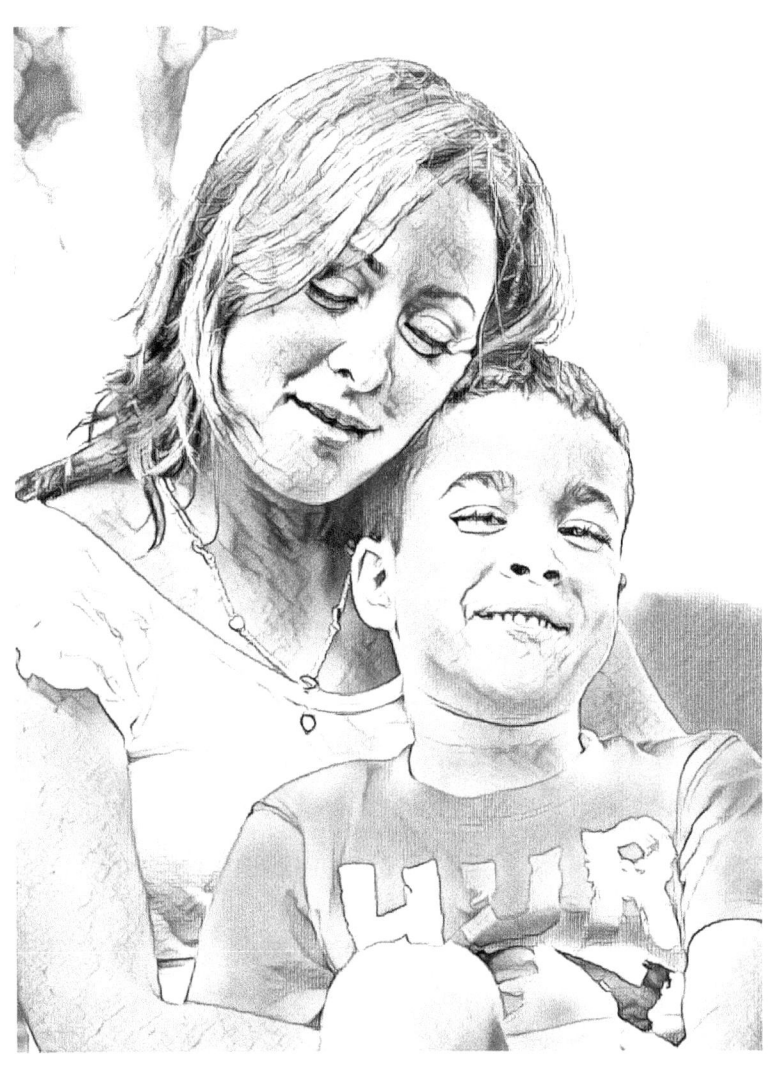

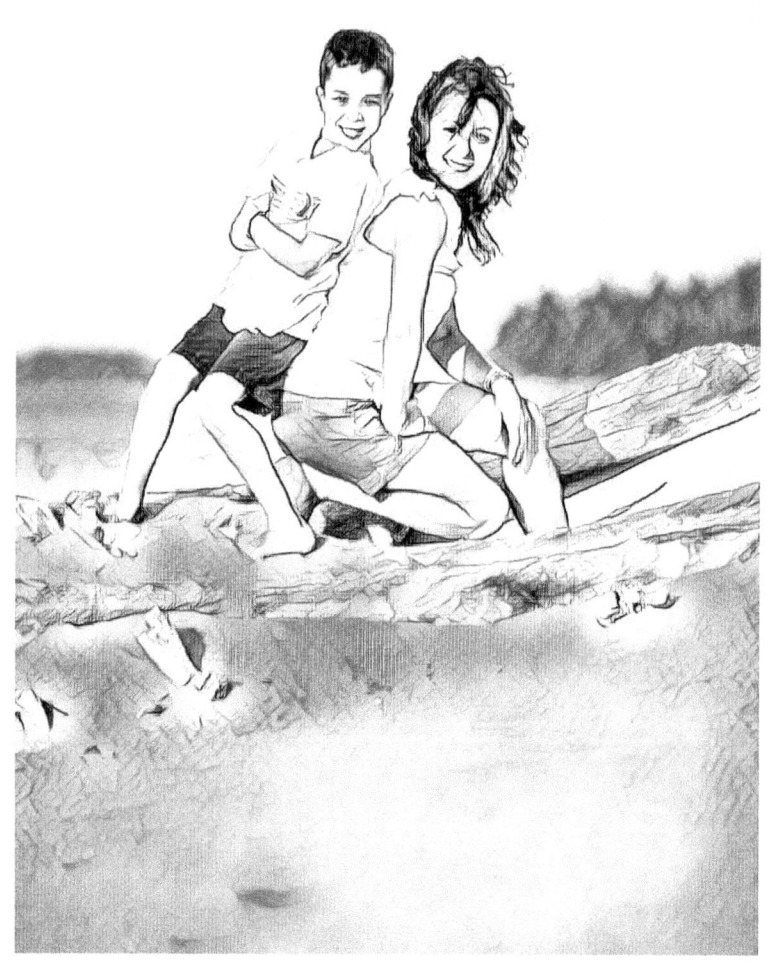

Mamá e hijo deciden hacer su propia pose.

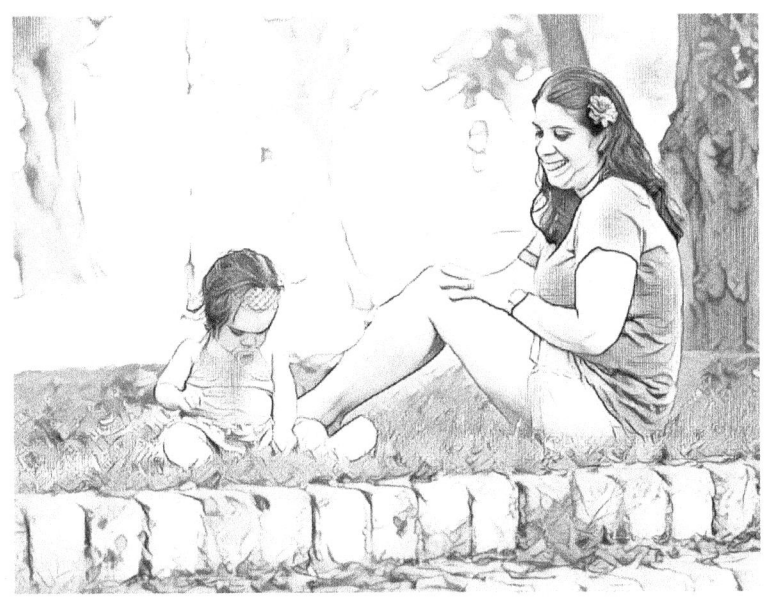

En este dibujo, mamá está sentada y mira a su bebé jugando con el césped. La posición de piernas y brazos parece cómoda y natural.

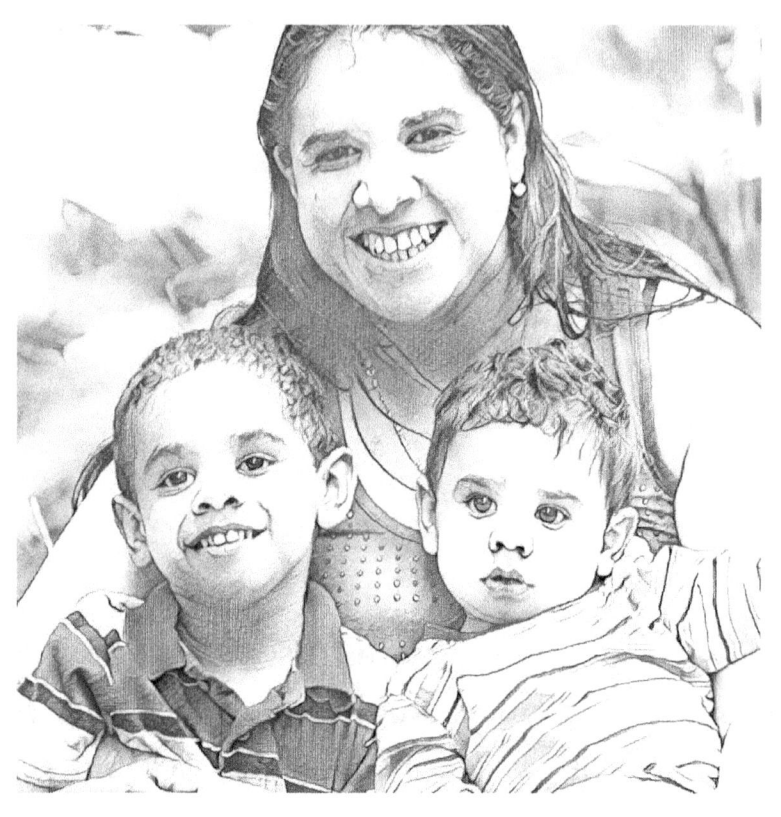

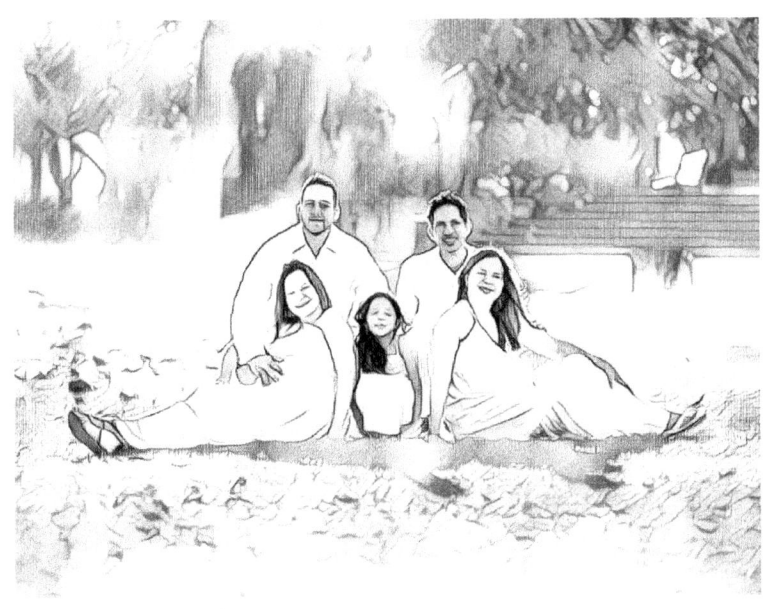

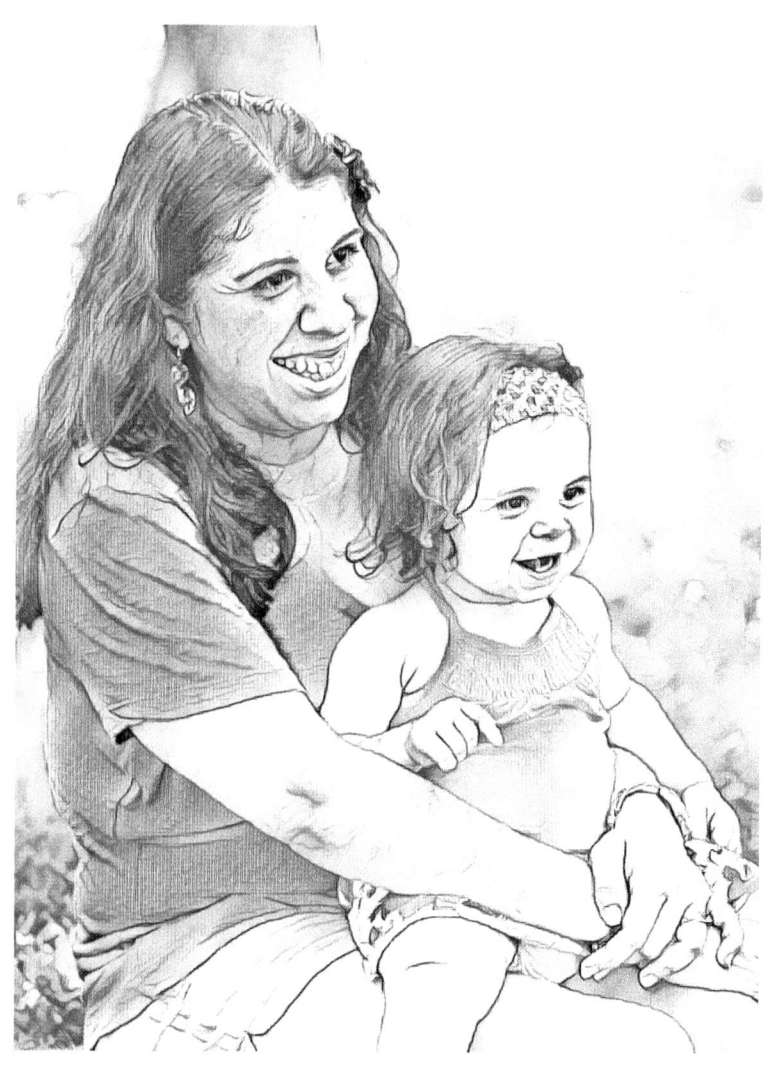

Esta es una pose muy sencilla. Mamá simplemente está sentada y sosteniendo a su hija con los brazos. Parecen estar divirtiéndose.

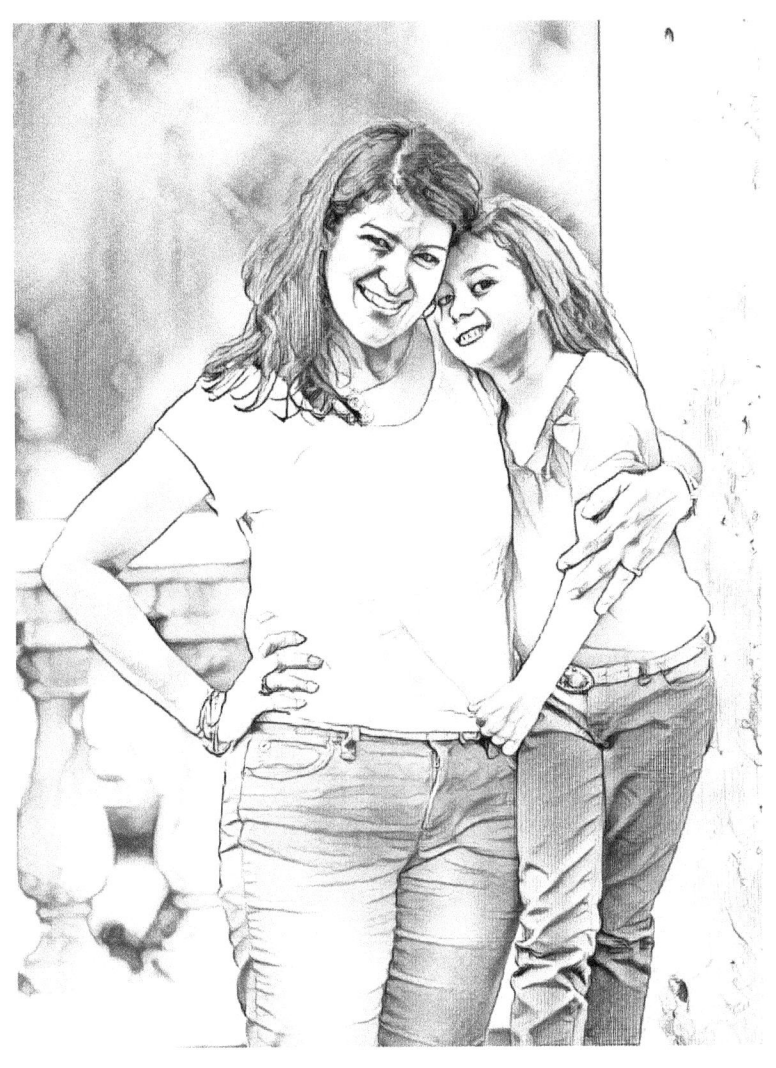

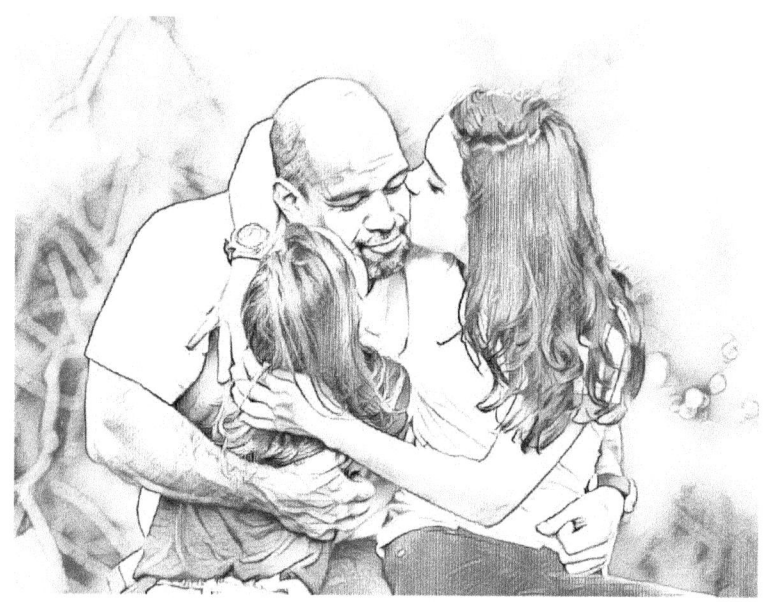

Las chicas besan a papá en las mejillas y se abrazan.

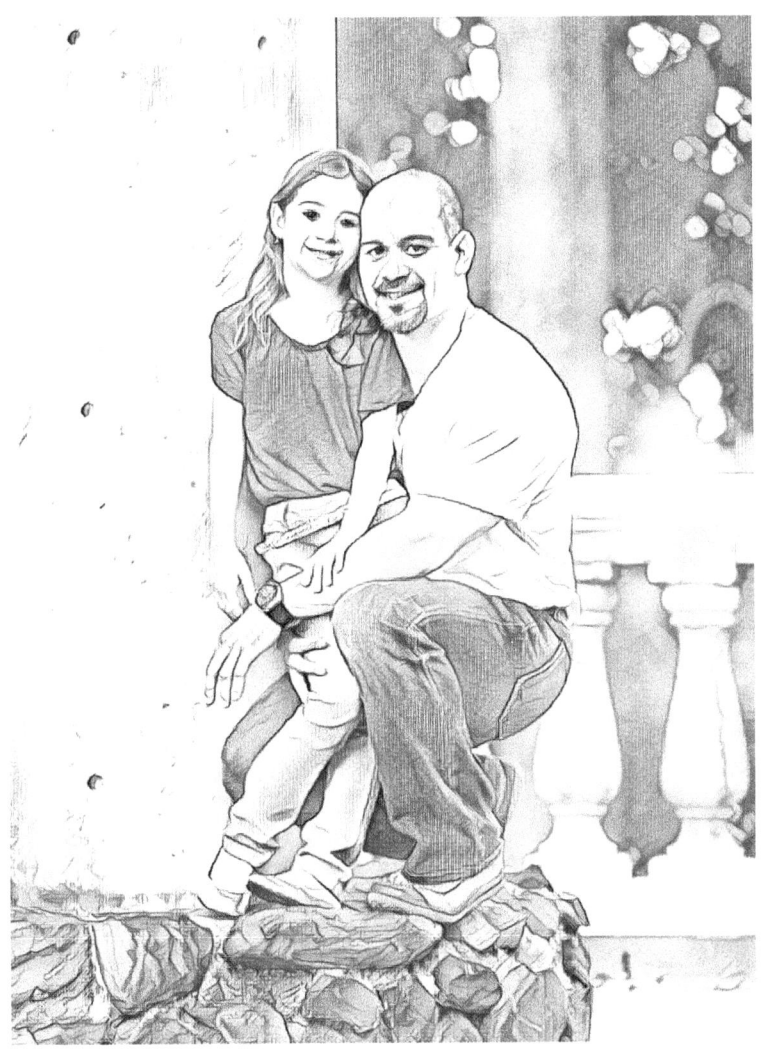

En esta pose, papá se pone al nivel de su hija para tomar una bonita foto.

www.ingramcontent.com/pod-product-compliance
Lightning Source LLC
Chambersburg PA
CBHW071156290526
45796CB00007B/57